沒看我怎麼知道
我看你？

我妹妹好可愛♡

厭世國文教室

古文青生涯檔案

厭世國文老師——著
J.HO（胖古人）——繪

推薦序

讓意義與價值在生活中產生效力

凌性傑

讀文學有什麼用?這個時代我們為什麼還要讀古文?這些問題其實不成問題。厭世國文老師說:「聰明的學生以後用得到。」世間沒有用不到的學問,只有不會用的人。讀厭世國文老師的文章,從不覺得其中有消極厭世之感,反而常得到積極爽朗的鼓勵。於是信手亂寫我所不認識的這位厭世國文老師:「厭世先生,不知何許人也,亦不詳其姓字,網路上有IG,因以為號焉。」網路鄉民式的書寫、按讚無數,大概就是我對厭世國文老師的第一印象了。

細讀、戲讀厭世國文老師的文章後,這才發現藏在滑稽戲謔背後的眞性情,那是巨大的溝通熱情所導致。有好多話想說,有好多話對親愛的學生說,才創造出這種神奇的敘述腔調,讓你喜歡聽他說話,說一些很遙遠的時代、很遙遠的人與事。

受到許多中學師生喜愛的《厭世廢文觀止》,副書名眞像是一句順口溜:「英雄豪傑競靠腰,國文課本沒有教。」國文課本沒教的,當然不只是這些滑稽之言,更多的是知識層次以外的情意與智慧。靠腰古人,嬉笑怒罵,當然有押韻之必要。聲音話語滑順了,比較容易聽得入耳。

在《厭世國文教室》裡，敘述方式延續了《厭世廢文觀止》，把課本上我們熟悉的古人一一抓來輔導，並且腦補、想像出跨時空的對話形式。閱讀過程中，我常把古人的名字代換成教室裡學生的名字，完全沒有違和感，因爲現實就是這麼上演的。厭世國文老師筆下，劉禹錫、文天祥、方孝孺、王冕、沈復、賴和……這些作家的故事大概都可以做爲中學導師的談資，跟亟需輔導的學生談人生、談理想、談品味。談一談，學生可能會變得聰明一些，讓意義與價值在現實生活中產生效力。

《厭世國文教室》書中的slogan金句太多了，比如談方孝孺提到的：「精神堅持一點，死亡簡單一點」「英雄死了，理想活了」。書名表面說厭世，其實是深愛這個世界的人啊。輕鬆幽默讀古文，與古人交心，廢文中有眞情，這正是厭世國文老師給讀者最好的禮物。

（本文作者爲作家）

推薦序

意翻空而易奇

祁立峰

這幾年「國文科」這個冷科目，或說長期遭鄉民譏諷成最廢的科目，意外地一朝翻紅，許多老師與學者投入古文普及的書寫與推廣。從古人比我們想得廢，到古人原來那麼潮；從魯蛇、崩壞，再到厭世，給過去想像中相對僵硬而古板的國文教育，注入全新的能量。

而厭世國文老師的新書《厭世國文教室》，以及前作《厭世廢文觀止》大抵也是這樣大趨勢的成果。

當然，從教學角度來說，老師站上講臺，本來就有兩種面貌：一要說教，二要說笑。沒有正確理解脈絡與穩定知識根基的背景、曲學阿世瞎扯淡，這是普及學者須戒之慎之的；但純粹只是文以載道、弘揚大義，每字每詞每個典故都要忠於原典，細究考索，難免使讀者倦而思寢，讓教學現場欲振乏力。

這正是《文心雕龍．情采》的辯證：一方面美言可能不信，但一方面言之不文，又行之不遠。而這也正是國文教學與普及之難。

也因此，老師們在教學現場、寫作者在普及寫作的當下，想必總是錙銖拿捏著莊諧之分界，在認眞與搞笑，在愛世與厭世之間抉擇。所以這類型圖書看似多元，實際上卻頗須費心琢磨。從學術角度來看，一旦古今的連結爲了翻空易奇，在實徵時難免有更動或瑕疵；但從推廣角度來說，將文本超譯或去脈絡，讓現代人更能理解聯想，似乎又有其必要性。

也因此反覆琢磨後，我仍樂見這樣的國文普及著作推出，同學們也可以用更多元更現代的視角來觀看這些距離我們稍遠的古文裡，那些和現代格外近似的故事。當然，更重要的是，知道了這些故事、認識了這些古人之後，能夠親身去閱讀浩繁的原籍典墳，體貼古文最精妙的寓意，以及遙想這些古人們眞實活過的樣貌。

（本文作者爲國立中興大學中文系副教授、《讀古文撞到鄉民》作者）

推薦序

從一眼瞬間的課文到活靈活現的滄桑歲月

吳一晉

曾有文學家說過：若你想毀滅一位作家，最好的方式就是將他的創作放入課本，他便會成爲學生們厭棄的對象，終生不讀其作品。

國文課本是臺灣最爲熱賣的文學書，在出版業慘澹經營的今日，每年都可以輕鬆賣出數十萬冊，這樣的暢銷書原本希望成爲莘莘學子一窺文學殿堂的入門磚，甚至引發學生的創作興趣。但最常出現的作品不是對課本作者圖像的改繪，就是將時事改編成孔乙己的梗文，這樣的反嘲實是對國文課本的最大諷刺。

爲何收錄衆多名家選文的課本無法引發學生的學習興趣呢？究其原因，是受限於課文篇幅，往往僅能選擇知名文人的單一文章，甚至必須截頭去尾節錄部分文字段落。缺乏脈絡的內容加上簡略的作者介紹，使學生只能對這些作者產生一眼瞬間的印象，而無法究其全貌，自然難以對選文感同身受，甚至對其著迷。

於是對學生而言，觀看課本就像略過漫威衆多個人英雄電影，而直接觀看總結式的《復仇者聯盟四：終局之戰》，繁多角色營造出華麗的場面，但每個人物都有如浮光掠影般串場走過，心中除了對劇情產生迷惑，也很難眞正浮現對劇中角色犧牲的感動。看完國文課本的學生，心中也常常會有少了點什麼的感覺。

所以，今晚我想來點……厭世國文老師的《厭世國文教室》！若說國文課本精簡扼要地提示各類考試重點，就如同維他命般充滿營養但乏味，《厭世國文教室》就是米其林星級料理，作者精心地爬梳史料以便活靈活現地再現這些古人的滄桑歲月，使他們的生命全貌以翻過書頁的速度躍然重生。這本書所寫的不單單是國學知識，而是人生。

東太平洋漁場時價分析師兼操盤手暨洋流講師海龍王彼得曾說，只要你懂海，海就會幫助你。《厭世國文教室》則會告訴你，只要你懂古人，古人就會幫助你。生命中的種種難題，你並非孤獨面對，世界上早有些先驅者已遭遇且試圖突破過了，課本中的古文就是他們奮鬥後留下來的紀錄。看著厭世國文老師的精采解析，相信你會明白：

「古人的厭世，換來了面對生命困境的勇氣。」

（本文作者為花蓮女中歷史科教師）

推薦序

讀那些龐大、清晰、深情的靈魂故事

李純瑀（魚小姐）

你願意花多少時間了解一個人？

教科書中用了幾行作者生平帶過作家的一生，一篇或經剪裁過的文章證明文人的存在，彷彿此人此文注定前世如此、現世安好，未來也終將依舊停留於課本和讀者心中。然而，我們看見的不過是緩慢跳動在文字上的文人樣貌、踽踽遊走在簡單數語間的文章精神。不大深刻、不大耐人尋味。

那麼，最深層的文化情懷，或者文人筆下懷抱著的生命態度，究竟該往何處尋找？毋須上窮碧落下黃泉，也毋須驚天動地的山無稜天地合，說到底，萬事不過追求一個「眞」的情意。但凡眞情實意，必定可在文字的連結中，看到每個人心中最柔軟的角落和最欲抒發的心聲。

在《厭世國文教室》中，一篇一篇的眞，掀起了最初的人心與人情。

賴和對意志的執著與對抗人生的勇氣；劉禹錫在權勢籠罩下的無懼和堅定；湯顯祖透過杜麗娘所展現出人們對愛欲的痴纏及壓抑；張岱在國破後殘存於心的虛幻華麗與眞實悲傷；

袁枚深藏在快樂底下的孤獨與追悔；沈復從靈動到哀戚的生命經歷……每一篇文字底下都埋著極深的人情，那是他們不輕易訴與人知的精神感受，因那是用盡一生的追求和執著方可理解的心靈變化。說的人千難萬難，聽的人卻不一定理解箇中滋味。

許多作者、許多文章把艱難的事、悲傷的情說得輕鬆；將快樂的人、簡單的心說得沉重，但那都不是《厭世國文教室》中所欲表達的體會，每一篇輔導紀錄裡，都有一個龐大、清晰、深情的靈魂，散發著令人想一步一步趨前理解、探索的氣息。因此，讀者們所接收到的終究不是一個文人與一篇作品，而是整個時代的情懷與作者一生的愛恨嗔痴。

這些人、這些事豈是寥寥幾語可帶過，但在厭世國文老師心裡、在他筆下，我們看見的是被淘洗過的一段段情感、一份份經歷、一次次的生命起伏。厭世，卻展現出最具生命力的文人情懷與文字深度。

你願意花多少時間了解一個人？

一篇文、一個人、一份心意、一次深切的理解；用心而非時間，但願這份用心，讓厭世國文老師放置在文中的情感陪你了解這二十一個人、二十一段精采無憾的生命。

（本文作者為國立臺灣師範大學助理教授）

推薦序

厭世解憂，必讀此書

敏鎬的黑特事務所

翻開本書，厭世國文老師用幽默的筆觸記錄了數篇著名古文作者時而荒唐、時而無奈，卻又高潮迭起的一生。除了文筆有趣生動，並從不同出發點解釋我們熟悉的古文，再點出隱含在文章後的價值。

國中時，同儕間流行過侯文詠的《沒有神的所在：私房閱讀金瓶梅》，儘管已把露骨文字刪去，大家還是血氣方剛地看得很興奮。而某個夜晚，我翻完幾章後，腦中浮現幾個問題：

為什麼她們會變得這麼恐怖？我婆潘金蓮怎麼從一開始的小蓮花變辣手狂花？

上網搜尋，找到的大多是「明朝中葉後風氣漸趨開放」「商人地位提升」「經濟結構改變」之類的學術性資料，後來才發現，答案一直在我心中，也很簡單：因為在那個時刻下，任何人都無法保證自己不沉淪。

閱讀不應只是要求背誦跟理解，還要能引導出我們對問題的反思、周遭事物的連結，甚至是透過批判從中找到價值跟同理心，而本書的厲害之處便是如此：

「除了大明湖畔的荷花，有誰去關心劉鶚到底在哭啥？」

「學會回字的四種寫法眞的沒用嗎？笑孔乙己魯蛇時，我們是不是也在笑自己？」

「大觀園裡的暗潮洶湧，比八點檔還可怕你們知道嗎？」

除去了傳統的翻譯跟注釋，《厭世國文教室》點出課本不會寫出來的東西，更透過描繪文人的過往，指出你我生命中也曾面臨的疑惑，讓人能從讀爛的古文中重新找回知音，提問嗆辣又犀利，適時的鄉民梗更是神來一筆！

「敏鎬，按慣例請用一段話形容老師的《厭世國文教室》。」

「在厭世的文學筆觸中，點出最眞實的人性與溫暖。」

「有多眞實？」

「比我的大兵週記還要眞實。」

防止中暑，必帶小卡；厭世解憂，必讀此書。

（本文作者爲《人生自古誰不廢》作者）

【目錄】

【目錄】

【目錄】

【目錄】

壹

正義魔人

我要代替老師懲罰你！

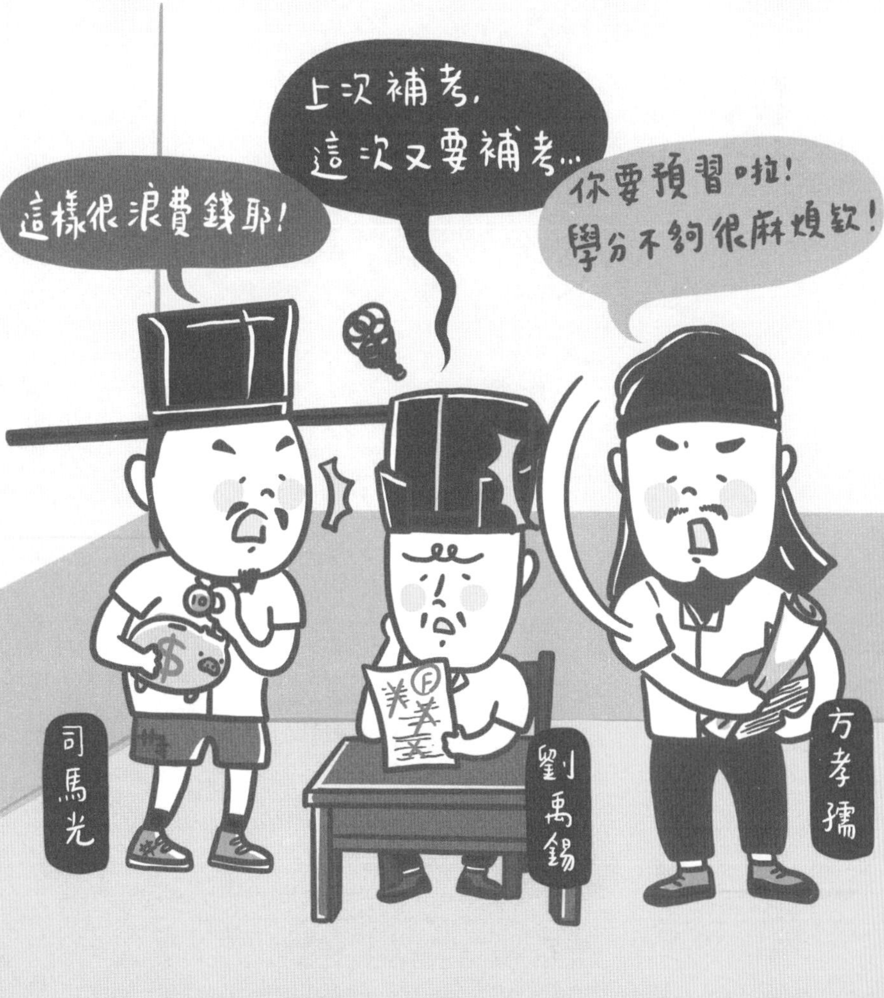

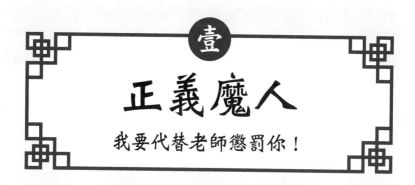

正義魔人群組（4）
劉禹錫
我覺得啦！學校的校規要改變，很多已經過時了。
司馬光
校規要改變，但不能變太多，這樣大家會無法適應。
方孝孺
快看，我朋友手指腫好大喔！
劉禹錫
@方孝孺 認真一點 ==
方孝孺
你才要小心一點 凸
厭世國文老師
你們平常也沒在遵守校規的……
Aa

劉禹錫

我只是比別人厲害了一點

——〈陋室銘〉

別稱	字夢得，世稱劉賓客
輔導紀錄	1.自稱是貴族後代，跟三國時的劉備也有那麼一點點點血緣關係。 2.最喜歡的人是韓愈和柳宗元，後來跟白居易比較好。 3.最討厭的人是武元衡，後來一直跟他糾纏不清。 4.只想跟有讀書的人說話，不想和成績差的人做朋友。 5.適合擔任班長，相信他會第一個舉手自願。

被高牆壓傷的男人

劉禹錫想搥倒官僚主義的高牆，自己卻意外被高牆壓傷。

唐貞元九年（西元七九三年），劉禹錫擢進士第，登博學宏詞科。他的寫作能力極佳，大概是一在社群媒體發文，立刻有超過五百次分享，記者還能再編輯成一篇新聞稿，然後登上網路熱搜排行榜前十名的那種。

看到劉禹錫受歡迎的程度，想推行政治改革的王叔文自然不會放過，刻意與他結交，並常常讚美他：

「有宰相器。」

對平時自我感覺已經很良好的劉禹錫來說，這不僅意味著自己被視爲政治明日之星，亦具備進入決策圈的資格；就像戴上得以擁有權力的魔戒，卻逐漸失去控制欲望的能力。

若是有人議論或批評，劉禹錫就會利用自己的政治優勢，將反對意見排除在權力圈之外，像是當時不願依附其勢力的竇群和韓皋二人，都曾被視爲阻礙改革的絆腳石。

不過，劉禹錫即使獲得權力的魔戒，並高舉人民的法槌、人民的意志也沒用，時代的洪流未必爲人民奔騰。史稱「永貞革新」的政治運動，隨著王叔文被賜死而宣告失敗，劉禹錫遭受牽連，坐貶連州刺史；還沒上任，又改貶爲朗州司馬。

或許是執政者認爲懲罰不夠嚴厲，需要再加重一些，否則劉禹錫不會懂得反省自己的過錯。朗州在當時是個鳥地方，據《舊唐書》記載：

地居西南夷，土風僻陋，舉目殊俗，無可與言者。

窮山惡水刁民，根本不值一提。但劉禹錫是個樂觀的人，不僅沒有抱怨，反而經常參加在地的民俗活動，還順便寫了一些結合信仰與文化的作品，作〈竹枝詞〉十餘篇，讓周遭的里民村人傳唱，可說是完全投入朗州的生活。

「永貞革新」的失敗，使得劉禹錫等人墜落至地獄最深處，不僅得罪朝中官員，剛即位的憲宗同樣不爽這群傲慢的知識分子，還發出「逢恩不原」的命令，意思是：

「就算原諒再壞的人，也不會原諒你。」

由此可知，好的動機，未必能帶來好的影響。你想到的是無比良善的立意，別人要的卻是無比豐碩的利益。

這次政治改革破壞了穩定已久的默契。重新獲得權力的政府高官裡，即使有人愛惜劉禹錫的才華，想等到風平浪靜後，再逐步讓他加入爲民服務的行列，也遭多數官員反對：

「拜託，先不要。」

回到京城的日子遙遙無期。劉禹錫除了抱怨，還是抱怨。他某次讀到《張九齡集》，發現自己之所以淪落至此，有一半要算到這位唐朝開元年間名相的頭上。

張九齡擔任宰相時曾建議政府，官員若是貶謫外地，千萬不能讓他們過得太爽，一定要找惡劣的生活環境安置，才能發揮懲戒的作用。劉禹錫看到這段紀錄，想必罵了幾句髒話：

「可惡，都是你害的。」

結果張九齡自己不如意的時候，還不是在那邊批評生活條件太差，順便抱怨人身自由受到拘束。大家都是出來混口飯吃，何必互相傷害？

元和十年（西元八一五年），劉禹錫奉召回京。有才華的人不會永遠被埋沒，甚至在經歷磨難的掏洗後，還會變得更圓融自在。

不知道劉禹錫有沒有自在，但肯定沒學到圓融。出門玩耍順便賞花也能讓他再次跌落人生谷底。

你以爲現在是地獄十八層嗎？很抱歉，往下還有第十九層。

遇到桃花劫的男人

見過地獄的人不怕魔鬼。重回長安的劉禹錫依舊自我感覺良好，沒把他人的感受放在心上，與友人同遊玄都觀時，寫下〈元和十年，自朗州承召至京，戲贈看花諸君子〉一詩：

紫陌紅塵拂面來，無人不道看花回。玄都觀裡桃千樹，盡是劉郎去後栽。

字面上是指人們觀賞美麗的桃花好開心，而這麼美麗的桃花是我離開後才種植的，似乎只是直接描述眼前的事物。換做一般人，寫這首詩的目的，或許只想用文青的語言說：

「自己不在的長安，不是記憶中的那個京城。」

不過，劉禹錫不是一般人，而中國文人更喜歡從字裡行間讀出深層的寓意；後兩句無條件被認爲是以「桃花」譏諷小人當道。更白話的翻譯是：

「一堆廢物。」

要不是我劉禹錫被貶到外地，哪輪到這些廢物得意？劉禹錫果然長安嘴砲魔王，沒在跟大家客氣的，寫詩即引戰，引戰即惹禍。某些時候的衝突，就算要解釋自己的清白，也不是你說沒有就沒有，而是別人覺得有沒有。

《新唐書》記錄劉禹錫的下場：

語譏忿，當路者不喜，出爲播州刺史。

若缺乏反省能力，且未意識到旁人的情緒，就會時常讓自己落入尷尬的局面，在社群裡也會被視爲破壞團結的壞分子。這首詩讓劉禹錫貶到播州，一個比朗州更偏遠的鳥地方。一首詩毀掉一個人的未來，怎麼想都太嚴重，御史中丞裴度忍不住爲劉禹錫求情：

「劉禹錫有母，年八十餘。今播州西南極遠，猿狖所居，人跡罕至。禹錫誠合得罪，然其老母必去不得，則與此子爲死別，臣恐傷陛下孝理之風。」

在這段護航裡，裴度既沒有指出執政者決策的問題，也沒有從理性層面分析事件的前因後果，而是從劉禹錫的身分、角色，及其在家族裡所代表的重要意義出發：播州距離遙遠，一般人無奈的生離，對劉禹錫與他八十多歲的母親來說，卻是一次絕望的死別。

憲宗聽完，立刻反駁：

「說好不提老母的。早知有老母，何必當初。」

我們的決定與他人的決定交錯重疊，讓彼此在社會空間裡產生連結。但憲宗認爲，今日之所以下令貶謫，責任應歸結自劉禹錫作詩諷刺，要也是先檢討劉禹錫輕忽親情，怎麼變成自己傷害孝順風氣？

憲宗腦袋莫名清楚，裴度只能無言以對。

然而，親情始終是不敗的說服手段，憲宗終究想起一位老母親失去兒子的沉痛哀傷，改授劉禹錫連州刺史，後又徙夔州刺史。離開長安十餘年，他一直轉任各地方刺史。

太和二年（西元八二八年），劉禹錫以和州刺史的身分回到京城，再作一篇〈遊玄都觀詩序〉：

重遊茲觀，蕩然無復一樹，唯兔葵燕麥動搖於春風，因再題二十八字，以俟後遊。

舊地重遊，原本如紅霞燦爛的桃花已經看不見了，取而代之的是兔葵燕麥等無趣平凡的植物。過了十四年時間，劉禹錫仍記恨當年因寫桃花詩而遭受貶謫的事，但對他而言，就算有一萬種報復方式，可以戰勝各種批評與責難，他也只會選擇寫詩做爲迎擊的手段：

百畝庭中半是苔，桃花淨盡菜花開。種桃道士歸何處，前度劉郎今又來。

如同之前遊玄都觀所寫的詩，字面上是描寫桃花消散而菜花茂盛的景象，藉此抒發昔盛今衰的感慨，但向來自我感覺良好的劉禹錫，正處在一種複雜的愉快狀況裡：「種桃道士」是暗指當年握有重權的政府高級官員，如今這些人卻已從政治舞臺上退場，有辦法笑到最後的才是贏家。

我，劉禹錫，霸氣回歸。

住在破房子的男人

當我們不以道德批判的眼光，而是從同情的角度理解劉禹錫的人格特質與貶謫生涯，就會知道在他轉徙各地的過程中，始終懷抱強大的自尊與自信，以此對抗政治與社會共同形成的外部壓力。

劉禹錫在和州擔任刺史時，曾撰有〈陋室銘〉一文，開頭寫道：

山不在高，有仙則名。水不在深，有龍則靈。斯是陋室，惟吾德馨。

此處以仙、龍爲喻，認爲不用擔憂居住的困窘狀況，即使是間破爛的小套房，裡面可能連張書桌都沒有，這樣也沒關係。重點是在這個空間裡，有沒有自己的存在：不管房子再爛，有我就不爛。換句話說，劉禹錫展現強大的心靈力量：

「不是我要適應環境，是環境要適應我。」

這位時常得罪人的長安嘴砲魔王到了和州，依舊是個自我感覺良好的嘴砲魔王。之前嘴砲別人是廢物，現在嘴砲自己是君子。不用管住的地方有沒有高級擺設，有沒有客人拜訪，劉禹錫覺得自己就是家裡最好的裝飾品，生活仍然悠閒愜意、品味高尚，在醜陋的世界裡，活出自己的美好：

可以調素琴，閱金經。無絲竹之亂耳，無案牘之勞形。

不管物質生活多糟糕，精神生活的提升才值得關心。聽點簡單的音樂，讀點深奧的佛經，沒有那種低俗混濁的聲音干擾，更沒有工作的壓力，劉禹錫應該會高舉雙手歡呼：

「來到和州，根本提早過退休生活。」

或許，在這樣的一間陋室裡，才會發現身體與意志的自由，不應受到任何形式的壓迫，這是每個人精神深處本來就存在的東西，不該臣服於窮困、恐懼、威脅，以及命運。

離開和州，劉禹錫依舊霸氣外漏，但比起過去已收斂不少；畢竟五十多歲的年紀，再怎麼氣焰囂張的頑石，也該從錯誤裡燒出一些死灰。白居易〈醉贈劉二十八使君〉一詩曾云：

舉眼風光長寂寞，滿朝官職獨蹉跎。亦知合被才名折，二十三年折太多。

身為劉禹錫晚年知心好友的白居易，替他這二十三年的貶謫生涯歸納出一個結論：

「天才誤你。」

史書也認為他是「恃才而廢」。一般人是依靠才華去幹大事，劉禹錫卻是太有才華而常做錯事，一折再折，身上傲骨都快被折斷了。他在回贈白居易的詩中則如此說：

今日聽君歌一曲，暫憑杯酒長精神。

好啦！聽你的話，我會加油（握拳）。

劉禹錫的確有加油，在文字中重新找到讓自己快樂的理由，詩也越寫越好。經常與劉禹錫唱酬的白居易不但覺得自己不如對方，還認爲他的詩宛如一道鋒芒，很少人可以接住這銳利的氣勢，於是送出一個外號：詩豪。

這樣還不足以說明劉禹錫的厲害。白居易說：

「其詩在處，應有神物護持。」

詩已經不單純是文字的組合，而是神靈的天啓，白居易只差沒有跪下來向劉禹錫的詩作膜拜。但從這裡也能看得出來，當一個有才華的人，全心投入在自己喜愛的事情裡，會有多麼令人羨慕的成就。

劉禹錫死後，又一次失去摯友（上一次失去的摯友是元稹）的白居易以詩寫出哀傷：

賢豪雖歿精靈在，應共微之地下遊。

肉體雖滅，但靈魂不滅。白居易相信，在不可知的世界裡，劉禹錫和元稹應該也會成爲很好的朋友。而這裡沒說出口的話大概是：

「再等我一下，很快就過去找你們玩了。」

厭世國文老師的德行評語

做自己的太陽，照亮自己，也會燒死自己。

司馬光

我這個人很簡單

——〈訓儉示康〉

別稱	字君實， 號迂叟，世稱涑水先生
輔導紀錄	1.曾謊稱親自幫胡桃剝皮，實是假他人之手，經指正後再也不敢說謊。 2.擅長歷史，編撰《資治通鑑》一書頗受好評。 3.原本與王安石、呂公著、韓維三人是一個小團體，人稱「嘉佑四友」，但後來跟王安石絕交。 4.個性固執，被蘇軾罵「司馬牛」，說他聽不懂人話。 5.適合擔任風紀股長，確實掌管班級出缺席人數。 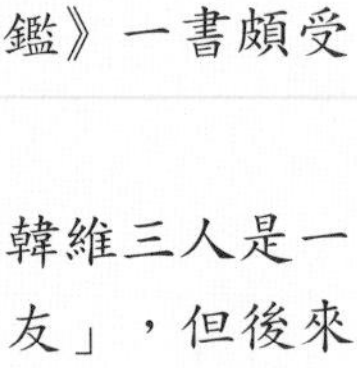

救朋友，簡單

司馬光「破缸救友」是一次智慧與勇氣的展現。

網路上流傳過一張有錯別字的圖片，地點是臺南市善化區牛庄里的元興堂，那裡的某面牆上刻著三位孩童：

一位舉起石塊，一位從水缸的破口隨著水流出來，另一位則做出逃跑的樣子。

網友積極散布的理由，並不是爲了什麼道德教化、信仰崇拜，或是任何更有意義的想法，而是原本的「破缸救友」誤植成「破肛救友」。這位被救的朋友未免藏得太深入了一些，竟然要打破肛門才得以逃出生天。

其中那位舉起石塊的孩童，正是司馬光。

後來元興堂已將錯字更正，但嚴格說來，這仍然不算正確。畢竟，司馬光打破的不是缸，而是甕。

根據《宋史》記載：

群兒戲於庭，一兒登甕，足跌沒水中，眾皆棄去，光持石擊甕破之，水迸，兒得活。

當時一群小朋友在庭院裡面玩耍，其中一個小屁孩貪玩爬上水甕。甕的口小腹大，裡面裝滿水，那屁孩失足滑落，發出呼救聲，然而天不從小屁孩願，原本一起玩耍的同伴們，竟然光速逃離準命案現場。

大概是緊張或是害怕，誤以為沒看到就代表苦難不會發生。

遮住眼的黑暗，
無法用來尋找光明。

由於甕的造型，小屁孩不容易從出口逃生，更別提在水中出力擊破甕壁。司馬光在這時候當了一次英雄，拿起一塊石頭砸破水甕，救回差點溺斃的小屁孩。

這裡大概會有一個疑問：究竟司馬光是旁觀者還是參與者？

如果回到《宋史》對於司馬光的形容，那麼他應該不屑加入這場遊戲。畢竟這位未來會成為舊黨領袖的男人，自小就嚴肅正直，七歲「凜然如成人」，意思是司馬光還在念小學一年級，說話、動作就已和一般大人沒什麼不同。

別的小孩可能還在吃幼稚園點心的時候，司馬光已經在解二元一次方程式了。

所以，當這起將成為社會新聞的事件發生時，司馬光應該正坐在桌前，畢竟史書說他：

手不釋書，至不知飢渴寒暑。

就算不在書桌前，手裡也會拿著書。直到聽見外面一陣騷亂，他才跑出來救人。

司馬光「破缸救友」的故事到這裡結束了，顯現出宛如成人的智慧與勇氣：

第一、判斷的智慧：能迅速分析現場狀況，即使不在其中，也能做出正確的決定。

第二、執行的勇氣：知道還不夠，必須以行動果斷處理危機，才能有效解決問題。

不是從水甕的小口撈出小屁孩，因為根本無從下手，而是另外製造生存的可能方案。司馬光打破水缸的時候，心裡應該想著：

「破壞是不好的，但爲了保護重要的事物而不得已造成的破壞，是正義的。」

但這樣的司馬光，之後卻對王安石在制度上的破壞與重建不以爲然，甚至幾次爭論不休，毫不退讓。

如果可以打破水缸，義不容辭救友，爲何不能打破制度，同心協力救國呢？

另外，司馬光打破水缸後，這段故事被畫成圖，流傳在京、洛之間，大概也是爲何現在的廟宇牆柱上經常有相似的圖案。這或許不單純是要宣揚智慧與勇氣，而是想說：

墜落至生命困境的人們，
需要智慧與勇氣才能打開逃生的出口。

過生活，簡單

司馬光成家後，依舊維持小時候那種「凜然」的態度，對自己的兒子司馬康也是如此。

這可從〈訓儉示康〉一文得知。

〈訓儉示康〉是一篇家訓，也就是勸勉與告誡後世子孫，規範思想、語言、行動，甚至隱含教訓的意味。有些人會認為，家訓是在壓迫與宰制孩子的情感，畢竟不成熟個體的成長需要的是引導，而不是控制；更別提某些道德原則，連長輩自己也未必能做到。

關於道德的善，終其一生皆是在接近，而不是抵達。

不過，那位小時候打破水缸救了朋友的司馬光，倒是身體力行實踐自己的人生哲學：儉。

〈訓儉示康〉中提到，司馬光從小就不喜歡穿太漂亮的衣服，甚至到了會覺得丟臉的地步。大概成為眾人焦點會讓他不自在吧，不然才幾歲的年紀，應該還不至於有意識地崇尚儉樸的生活。

長大後，考中進士的司馬光參加了進士主題派對「聞喜宴」，這次的 dress code 是要在頭上插花當裝飾，但司馬光依舊覺得：

「好多人看我，有夠尷尬。」

雖然，宋人戴花是日常習慣，無論男女老少貧富貴賤都一樣：

頭上有花，Good！

頭上沒花，Bad！

但司馬光就是不愛，也不想，後來還是旁邊一起考上進士的不知道是誰提醒：

「君賜不可違。」

這花是皇帝給的，不要還沒工作就得罪老闆。司馬光這才嘟著嘴，乖乖戴上一朵花。這雖然是司馬光自己陳述的故事，但可信度應該極高，畢竟他後來的言行舉止皆符合這樣的生活態度。

一切從儉，也從簡。

在《軒渠錄》一書中，記載著一件司馬光與妻子的小事。故事是這樣的：

上元節，司馬光的老婆想去賞花燈，畢竟人們就是喜歡會發光的東西，像是煙火、鑽石，以及帥哥美女（誤）。

難得節慶，當然應該出門看看璀璨光明的花燈：

「那個……可以陪人家看花燈嗎？」

老婆甜蜜地向自己的丈夫撒嬌。但司馬光的回應是：

「家內點燈，何必出看？」

看什麼花燈？客廳、廚房、臥室的燈還不夠看嗎？

司馬光的老婆解釋：

「兼欲看遊人！」

但那崇尚儉與簡的司馬光卻不這樣想：

「我難道是鬼嗎？」

妳說要看人，我就是人啊！

從某個角度來看，其實司馬光滿浪漫的啦！

妳不能看別人，只可以看我。

但司馬光絕對不是這麼溫柔的男人，他單純只是覺得一切簡單就好，何必讓生活變得如此繁瑣麻煩。

也就是說，司馬光的「儉」是一種「簡」，歸零自己的欲望，回到最樸實的狀態。與其說司馬光勸勉兒子司馬康奉行「儉」，不如說要他從「簡」出發，維持基本的開銷就好。

所以，司馬光的屋內陳設十分簡單。《文昌雜錄》如此形容：

司馬公在陋巷，所居才能避風雨，又作地室，讀書其間。

身為一位政府高級官員，卻住在那種偏僻的小巷子，整幢建築物只有遮風避雨的功能，大概就是方方正正的一般民宅，沒有太多的設計與裝潢。一般人都想要採光佳的空間，所以房子越蓋越高，但司馬光卻建了一座地下室，完全符合他那不喜受人注目的個性。

儉，就是簡。

司馬光面對當時不儉又不簡的社會風氣，在〈訓儉示康〉一文中提到政府：

雖不能禁，忍助之乎！

他其實也了解，人性的欲望無法可治，但如果不能阻擋奢靡浮華的流行，至少不應該助長過度且無謂的消費。

別人怎麼樣，我管不著，但自己可以這樣做，自己的兒子也必須跟著做。

教小孩，簡單

「儉」是將「想要」關在門外，把「需要」留在房內，而「簡」幫助人們重新審視自己的一切，究竟是想要？還是需要？

從〈訓儉示康〉一文，大概可以看出司馬光不喜歡浮誇華靡的事物，態度略嫌古板保守。會聽別人的意見，但也不覺得別人的意見比較高明；會改正自己的行爲，但也不認爲自己的行爲有哪裡不對，這從他自稱「迂叟」可見一斑。

迂叟，是指不知道變通的老人。

在〈獨樂園記〉中，司馬光遭質疑：

「你怎麼可以一個人自己快樂？分享的快樂勝過獨自擁有。」

中國以前的知識分子總有一個壞習慣，喜歡指正別人的感受與喜好，以某個時代或社會的道德標準進行批評。某種程度上，這種做法破壞了多元價值，也讓人們逐漸走向一條塞滿無用道德的窄路。

司馬光認爲，自己的快樂是撿拾別人棄置一旁的無用廢物，所以也沒有分享的必要性：

雖推以與人，人且不取，豈得強之乎？

別人不要的東西，怎麼能強迫對方收下呢？

司馬光的迂腐是對自己，待人處事倒是寬容，不願意勉強別人做不喜歡的事。像是蘇軾，曾對他盡廢新法的作爲持相反意見，司馬光雖不能接受如此言論，但也沒有強迫對方服從與配合。

換句話說，司馬光不是不懂人情世故，而是將自己收斂成柔軟的棉團，包覆可能刺傷人的銳利善意，再收束成內在心靈裡那不可動搖的堅固意志。

北宋易學大家邵雍曾有兩句評論司馬光人格特質的話：

「君實腳踏實地人也。」

「君實九分人也。」

「君實」即司馬光的字，邵雍應該是在讚美司馬光個性的眞誠——他的眞誠是把溫柔給人，將痛苦留給自己。

在〈訓儉示康〉裡，司馬光雖說是在「聊舉數人以訓汝」，要兒子司馬康乖乖聽話，但整篇文字看起來，就是家裡的老人坐在搖椅上想當年、話當年，然後還說了幾個歷史小故事，好像不聽話其實也還好的樣子。

經驗是一種智慧，
態度是一種榜樣。

司馬光的經驗與態度未必符合每個人的價值觀，但司馬康長期待在父親身邊，應該早已耳濡目染、潛移默化，即使沒有這樣的文章，也會有相似的生活方式。

《邵氏聞見錄》說，司馬光沒有兒子，司馬康其實是族人之子：

康，字公休，其賢似公。

又說司馬康之子司馬植：

植，字子立，既長，其賢如公休。

從此可知，司馬光祖孫三代的個性十分相像，尤其司馬康很可能沒有眞正的血緣關係，但憑藉著言教與身教，司馬光複製了兩個司馬光。

不過，司馬康與司馬植皆早死，那樣眞誠內斂的生活態度，遂絕。

”

厭世國文老師的德行評語

買東西不會讓你看起來有錢，
只會變窮。

方孝孺

要死一起死

——〈指喻〉

別稱	字希直，號遜志
輔導紀錄	1.有生病差點餓死的經驗。 2.擅長寫作，每次發文都可以破萬讚。 3.擔任過總編輯，曾修撰《太祖實錄》與《類要》。 4.外號是小韓愈。 5.適合參加學校校刊社，一個人可以做完全部工作。

拇指腫一點，身體差一點

方孝孺的〈指喻〉說了一個拇指越腫越大差點死掉的故事。

在浦陽這個地方，有一位名叫鄭仲辨的成年男子，無論是面容、氣色，以及精神都很旺盛，一副頭好壯壯、身強體健的樣子。在大家因爲疫情而需要口罩的時候，他一定會說：

「我OK，你先領。」

平時很少生病的鄭仲辨，忽然發現自己拇指長了一顆疹子，大小就像米粒。他心中覺得疑惑，畢竟手指長了一個不該出現的東西，心裡毛毛的：

「糟糕，會不會是新型病毒？」

「我需不需要自主隔離？」

「會不會死掉？」

結果鄭仲辨沒有跑去醫院，而是舉起拇指問周圍的朋友；但朋友又不是醫生，沒有受過專業的醫療訓練，看到一顆小如米粒的疹子，依照常人的思考邏輯，想也知道會這樣說：

「鄭仲辨，你白痴喔！」

就像學生跑去問國文老師怎麼計算三角函數的練習題，有極大可能不會得到正確的答案。專業問題需要以專業解決，我們身邊不是沒有專家，而是沒有在乎專家意見。

三天後，拇指腫得像錢幣一樣大，鄭仲辨依舊沒看醫生，照樣跑去問朋友。再三天，拇指已經腫到能用手掌握滿的大小，而且還莫名其妙地全身痛到不行，大概是連呼吸都會痛的狀況。鄭仲辨終於沒問朋友，到了醫院找醫生治療。

醫生一看那像是酥炸大熱狗的拇指，驚訝地陳述病情：

「這種拇指疾病，會讓其他手指跟著痛，接著四肢軀幹一起痛，最後還造成心臟痛與脊椎疼痛，有這款情形，請盡早打免費電話：控八控控—控控八—控控八。」

原來，這是一種特殊的疾病，癥狀只會出現在拇指，但其實是全身性疾病，嚴重可能導致死亡。就像得到新型冠狀病毒一樣，本以爲只是普通咳嗽、普通的上呼吸道感染，殊不知整個肺部都出問題。

醫生繼續對鄭仲辨解釋病情：剛發病時，可用艾草治癒；過了三天，可用藥物治癒；時間一久，病毒則會蔓延到肝臟和橫膈膜，可能還需要進行截肢手術。

最後，鄭仲辨靠著外敷、內服，才終於戰勝病魔。但即使如此，也已經元氣大傷。

方孝孺聽到這個眞實故事，第一個想到的不是鄭仲辨生病好可憐，而是：

天下之事，常發於至微，而終爲大患；始以爲不足治，而終至於不可爲。

注意小事有可能成爲大事，積極預防，避免演變至無可挽救的境地。可怕的不是一望即知的地獄，而是藏在針尖的魔鬼。

你以爲的風平浪靜，是因爲看不見底下的洶湧暗流；你以爲的現世安穩，是因爲想不到未來的崎嶇坎坷。

話鋒一轉，方孝孺將問題指向社會經濟，認爲人民已經疲憊不堪，還要加上官吏的剝削戕害，造成局勢不斷惡化。雖然目前看起來仍是安然無恙，但已出現不少危機爆發前的徵兆，笨蛋政府官員還不知道害怕，繼續過著安穩的日子。

不用過度焦慮，卻也不能輕忽大意。如同現今的疫情，每一個人皆感受到巨大的清晰與提醒，重新調整自己的生活模式，在變動與死亡之間找到生存的縫隙。病痛，讓人不得不正視過去的錯誤、現在的處理，以及未來的狀況。

無論國家或個人，想要過得好好的，必須想得遠遠的。

考慮多一點，結果好一點

方孝孺的〈深慮論〉提醒大家要「超前部署」，就像衛生福利部疾病管制署一樣，在未來充滿不確定性的焦慮裡，進行整體性思考，在問題來臨前做好準備，並且規畫下一階段的生活與工作模式。

這種提前做好準備的觀念，一方面來自方孝孺的人格特質，另一方面則是家庭教育的潛移默化。

方孝孺從小就是個認眞向學的好孩子，親戚讚美他每天讀書的厚度都會超過三公分。某種意義上，中華民國高中生一天的講義加複習卷的厚度也會超過三公分，但師長常覺得高中生不太用功，這是不是有點不太公平？明明大家讀的書不比古人少啊！

此外，方孝孺的兩眼炯炯有神，即使是在角落靜靜地看著你，你也能感受到他的存在。

基於以上兩點，周圍身邊的人都稱呼方孝孺爲「小韓子」，實在不知道這個外號怎麼來的，大概是一種被唐代韓愈靈魂附體的感覺，道德學問文章皆有一定的水準。此時的他仍不過是個青少年，卻被視爲足以擔當楷模的對象，代表他過度早熟的行爲表現獲得認同。

由於韓愈靈魂附體的關係，當時沒幾個人讀書讀得贏他，就算學長也一樣。這樣天才爆表的方孝孺，反而覺得寫文章不是什麼重要大事，當一個愛國救世的正義戰士比較重要。

無論是飢餓或貧窮，做事或做人，方孝孺皆維持一種難得的儒者風範：智慧與沉穩。在當時，如果要問誰是最聰明的讀書人，方孝孺說第二，沒人敢稱第一。

據此，在〈深慮論〉裡，方孝孺提出自己充滿智慧的觀察：

禍常發於所忽之中，而亂常起於不足疑之事。

在人的智力能顧及之處，防止災難出現；未能顧及的，只能交給老天安排：

蓋智可以謀人，而不可以謀天。

方孝孺感嘆智慧的局限：人們無論從過往的歷史裡學到多少教訓，最後還是讓自己成爲別人的教訓。生命彷彿一場車禍，總有意料之外。

現實生活的防疫大概也是如此，在可預期的狀況內做好準備，以免傷害擴大，讓每個人都能獲得安全的保障。

人的力量是有極限的，百密總有一疏，萬事實難周延。

那怎麼辦？難道要坐在路邊看著禍患降臨嗎？方孝孺認爲，眞正的「深慮」是要：

唯積至誠，用大德以結乎天心。

眞誠地面對困難，自然可以獲得上天的幫助。這聽起來充滿「宿命論」的色彩，甚至貶低人類的力量，彷彿主張消極地接受命運的安排或捉弄，而擲出決定未來骰子的，永遠不是自己。

然而，我卻覺得方孝孺是以最謙卑的姿態回應人生的難題。沒有人能眞正做到周延完滿，當下的選擇永遠會成爲最好的決定，此刻的分析永遠會是最佳的判斷；畢竟尙未發生的結果無法預期，只能等待與迎接。

做一個眞誠的好人，任何事都將往好的方向發展。

精神堅持一點，死亡簡單一點

人生是一齣荒謬劇，反覆上演絕望的故事，以及充滿不幸的惡趣味。認爲要「防微杜漸」與「深謀遠慮」的方孝孺，不知道能否預先爲自己的死亡做好準備？

洪武十五年（西元一三八二年），明太祖朱元璋喜愛方孝孺舉止端整，於是提醒自己的兒子，要等到眼前這位認眞的年輕人再老成一些、世故一些，才讓他擔負朝廷重責。過了十年，方孝孺已三十五歲，但平民出身的皇帝依舊拒絕讓他進入政治核心：

「今非用孝孺時。」

未能獲得絕佳機會的方孝孺，被蜀獻王搶先招聘，要他擔任自己兒子的家庭教師，還爲他的書房命名：

「正學」。

可想而知，方孝孺做人、做事，以及做學問，都是受人尊重與敬愛的知識分子。一直到明惠帝即位，他才真正接觸政治權力，提供相關建議與接受諮詢，這自然是明太祖留給下一任繼承者的禮物——正直穩重的智者。

除了禮物，明太祖也為下一任繼承者製造了難以解決的麻煩：勇猛無敵的燕王朱棣。

為了穩定天下局勢，朱元璋分封諸王於各地要塞，期待能「上衛國家，下安生民」。然而朱元璋意想不到的是：在他死後，原本鎮守北平的燕王朱棣，不滿朝廷削弱地方權力的政策，決定以「奉天靖難」為名叛變。

當時，身為文學博士的方孝孺，專門替朝廷寫文章罵燕王朱棣，並制定作戰計畫與出擊策略，只可惜依舊無法阻止步步進逼的軍隊。

方孝孺的幾次計謀完全失敗。生死決鬥的戰場上，正直穩重的智者完全贏不過勇猛無敵的燕王朱棣，雙方完全不在同一個檔次，如同國文老師和拳擊冠軍各有一片天空，但在擂臺之上，國文老師永遠只會是拳擊冠軍的手下敗將：一百個回合，一百次倒地。

終於，南京城的金川門被叛軍攻破，明惠帝自焚而死，方孝孺遭捕入獄。

在這個值得驕傲的時刻，燕王朱棣想起一句勸告：

「殺孝孺，天下讀書種子絕矣！」

好意提醒燕王朱棣的，是十四歲便剃髮爲僧、法名道衍的姚廣孝。明初一位相術大師袁珙曾形容姚廣孝的外表：「目三角，形如病虎，性必嗜殺。」據傳他聽到如此評語，心中大喜。或許是在元末亂世裡，唯有殺戮才可能成爲英雄吧。

這樣一位滿懷殺意的僧人，竟然想救人於死亡之中。

因爲方孝孺若死，不僅成了爲國殉道的英雄，更會在天下讀書人心中埋下恐懼的炸彈，這些皆無助於未來國家政治權力核心的轉移。

從前在北平的燕王朱棣點頭答應，今日在南京的燕王朱棣想要方孝孺草擬詔書，也算是給彼此一個臺階下：

「你幫忙我，我放過你。」

但是方孝孺一出現就嚎啕大哭，別人好好勸說一句，自己秒回頂撞一句，惹得燕王爆氣要幹掉方孝孺：

「我要誅你九族！」

「誅十族也沒在怕！」（以上爲設計對白）

即使沒有眞的殺光十族，方孝孺與相關的親戚朋友也難逃悲慘的命運。

根據《明史》記載：

> 宗族親友前後坐誅者數百人。

一個人連累數百人，到底值得不值得？對於方孝孺而言，爲了正義，絕對值得。

死亡，是生命的終點，卻不該是精神的盡頭。

厭世國文老師的德行評語

英雄死了，理想活了。

貳

醫科學霸

醫生寫小說是不是搞錯了什麼

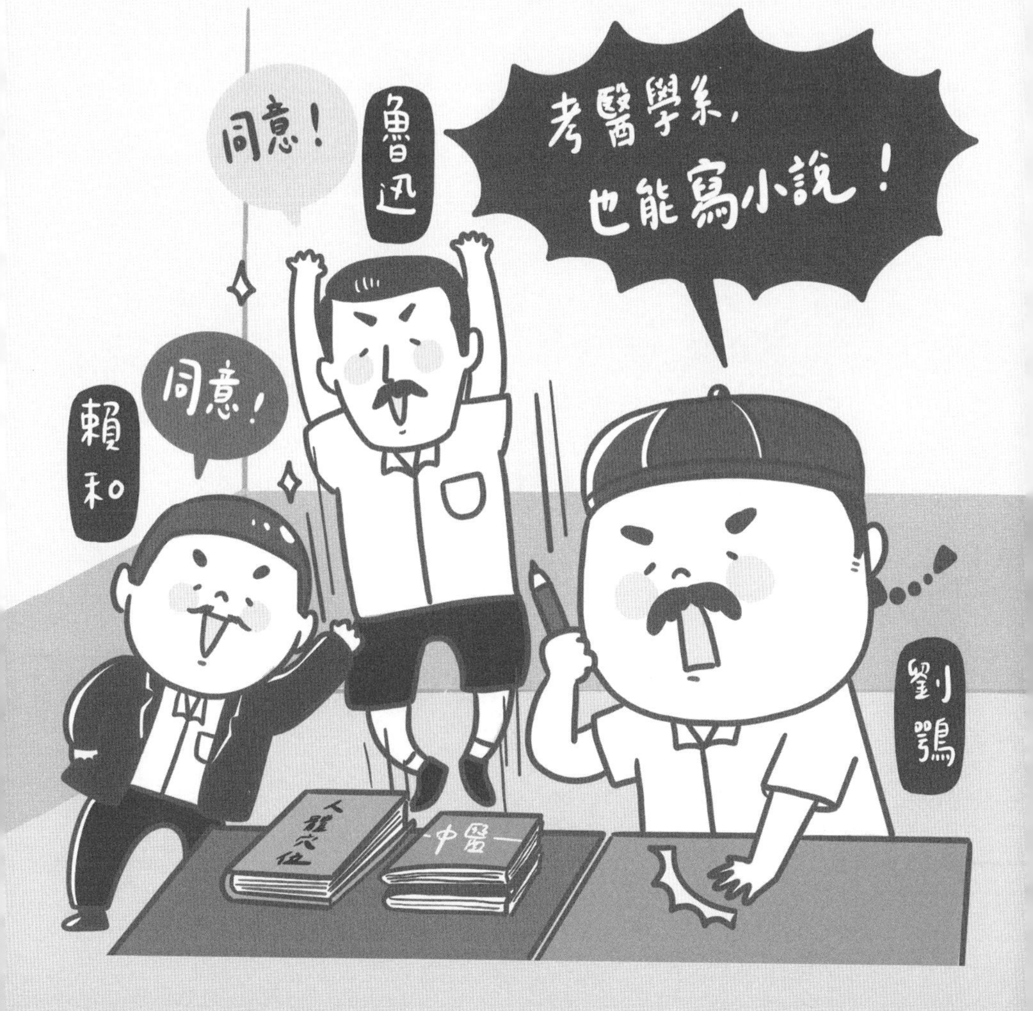

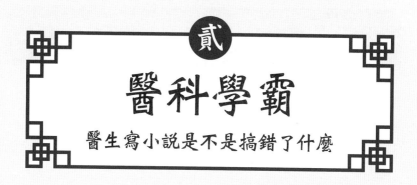

醫科學霸群組（4）
魯迅
我不想當醫生，我要寫小說。
賴和
可以一邊當醫生，一邊寫小說啊！
劉吶鷗
寫小說比當醫生好玩，
我已經開始連載了呢。
魯迅
@劉吶鷗 可惡想讀。
賴和
@魯迅 你快寫，我想看。
厭世國文老師
作文不要給我用小說寫啦！
Aa

劉鶚

想哭但是哭不出來

——〈大明湖〉〈明湖居聽書〉

別稱	字鐵雲， 號老殘，筆名洪都百鍊生
輔導紀錄	1.喜歡非常老舊的事物，像是甲骨文。 2.喜歡非常新穎的事物，像是鐵路。 3.沒事會算數學、讀醫學著作。 4.對菸草有興趣。 5.適合參加模擬聯合國，與世界各國的學生進行交流。

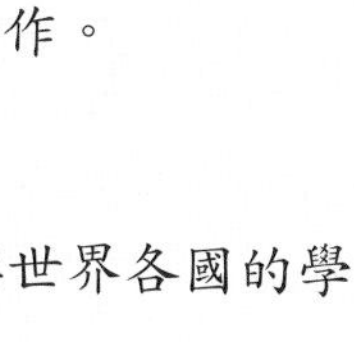

聽見哭聲了嗎？

中華民國的國中課文有〈大明湖〉，高中課文則有〈明湖居聽書〉，以上兩篇課文若合併起來，即是劉鶚《老殘遊記》第二回「歷山山下古帝遺蹤，明湖湖邊美人絕調」。

然而《老殘遊記》被譽爲晚清四大譴責小說之一，這一回明明看不出有任何批評或諷刺的意味，國文課本爲何要收？甚至還刻意放在國中與高中兩個階段，似乎認爲是學生必須學習的內容。

國中讀完〈大明湖〉，學會的是關於對聯的國學常識；高中讀完〈明湖居聽書〉，則是知道聲音摹寫的技巧與欣賞。

想由此看出作者劉鶚對國家沉淪的悲痛，或是對政治敗壞的傷心，皆不是容易的事。我猜最大的原因，應該是胡適曾讚美過這一回用具體的物事來譬喩聲音：

在這一段裡連用了七八種不同的譬喻，用新鮮的文字、明瞭的印象，使讀者從這些逼人的印象裡，感覺那無形象的音樂的妙處。

劉鶚若有靈，應該會感到啼笑皆非吧！他明明最想說的是：

「清官殺人誤國。」

自以爲是的好人，反而造成社會的決裂與道德的破壞，顚覆了一般人厭惡貪婪、嚮往清廉的觀念。

結果，後來的讀書人，卻將重點畫記在「聲音描寫得眞好，我們應該細細品味與認眞學習這樣的寫作技巧」。

讓學生認識聲音摹寫不是不行，而是這無助於理解《老殘遊記》一書的主旨；在有限的教學時間裡，反而容易忽略作者的本意。

劉鶚在《老殘遊記．序》裡提到，哭泣共有兩類：無力與有力。

如同小時候，喜歡的玩具不見了，你會哭；長大後，喜歡的人不見了，你也會哭。前者的流淚，是爲了想要挽回失去的事物；後者的流淚，則是知道失去的事物永遠無法挽回。

接著，劉鶚把有力的哭泣再分成兩種：

以哭泣爲哭泣者，其力尚弱；不以哭泣爲哭泣者，其力甚勁，其行乃彌遠也。

要表現眞正的悲傷，不需要震耳欲聾的哀號，而是以一個又一個鉛字，發出一聲又一聲嗚泣，方能穿透至最深遠幽暗的地方。屈原、莊子、司馬遷、杜甫，以及曹雪芹等人皆爲如此，他們的文字是永遠無法抹去的淚痕，也是不能抑止的哭泣。

劉鶚用盡力氣大哭，於是說：

感情越深，其哭泣越痛，此洪都百鍊生所以有《老殘遊記》之作也。

白話翻譯大概是：

「感情越深，就越痛苦，所以我寫小說來爲這個國家社會哭泣。」

不過劉鶚明明在哭，我們卻拍拍他肩膀說：

「你哭聲眞好聽。」

這到底是無視對方的難過，還是假裝不知道這般心情的存在？這是尊重一部小說的完成，還是輕視文學的創作？

當然，這誤解若要怪在胡適頭上也不正確，因為他的確提到，讀者在讀《老殘遊記》的時候，應該先注意裡面的感情見解，之後再去討論文學技術，是中華民國課文做了另一種呈現方式，將「技能」擺在「情感」之前，最後成為考試的重點之一。

難怪，已經沒有人看得見劉鶚在哭了。

理科腦，文組魂

假設今天要籌備《老殘遊記》的電影拍攝計畫，為了演出老殘這個角色，劇組準備找符合書中人物年紀的明星，請問該選擇三十八歲的彭于晏、四十六歲的金城武，還是七十三歲的鄭少秋？

答案是：選帥的那個；啊不是，是三十八歲的彭于晏。

因為《老殘遊記》是以一位三十多歲的健壯男子鐵英為主角，而不是行動緩慢、口齒不清的老先生。

或許是受到課本作者欄劉鶚黑白照片的影響，學生常以為，既然鐵英外號有「老」與

「殘」二字，那麼年紀應該不小，甚至身體還帶有某部分殘缺。但根據書中的介紹：

> 此人原姓鐵，單名一個英字，號補殘。因慕懶殘和尚煨芋的故事，遂取這「殘」字做號。大家因他爲人頗不討厭，契重他的意思，都叫他老殘。

此處「老」是受人敬重之意，「殘」則是仰慕前人而取。這都與外貌、年紀無關。

如果到現在，我們還是搞錯這件事的話，或許代表我們從來沒有好好讀完這本書，甚至沒有好好開始讀它。

按道理，國中和高中皆教過《老殘遊記》，對於內容應該不算陌生，卻很少人知道主角的年紀與外貌，這聽起來像是宣稱自己看過《灌籃高手》漫畫，卻不清楚櫻木花道的頭髮是紅色的。

畢竟，《老殘遊記》在第一回「土不制水歷年成患，風能鼓浪到處可危」就已清楚介紹老殘的人物設定：年輕流浪醫生。

這與劉鶚早年的學醫經驗有重疊之處，他曾自述生平：

> 予少年多病廢學，於詩文涉獵尤淺。中年飢驅，奔走於四方，學益廢。匪惟境遇

所牽，不好學亦其天性也。

隨著年齡增長，本來就已經缺乏良好的體魄與環境，之後再加上工作的需求，讓劉鶚的學習變得沉重又困難。最後歸納出一個結論：

「我就不愛念書啊！」

這其實是過度謙虛的說法，劉鶚明明精通醫學、水利、數學等學術領域，卻像是考一百分的資優生，常說自己都在上網沒讀書。大概是因爲他認爲自己較不擅長詩文創作，但無論再怎麼差勁，還是能寫出一部家喻戶曉的《老殘遊記》。

換句話說，劉鶚的文科弱、理科強。若他是準備申請大學的高中生，應該會選擇第二或三類組的科系，而《老殘遊記》的人物塑造與故事情節，也可以看出這樣的傾向與特點。

像是書中主角老殘不太會寫八股文章，只好以治病餬口、奔走江湖；或是在第十一回提到月球公轉與自轉的問題、第十二回描寫黃河結冰的景象，以及在第三回表達治理黃河氾濫的看法。透過細膩、客觀的觀察，以及知性、理性的思考，充分展現理組學生的邏輯訓練與科學素養。

但也因爲如此，《老殘遊記》的敘事結構未能周延完整，時常給人拼貼、斷裂的感覺，看起來很像今天讀到什麼有趣的科普知識後，再轉化成小說的故事段落。

劉鶚的兒子回憶父親對《老殘遊記》創作方式是：

初無若何計劃宗旨，亦無組織結構，當時不過日寫數紙，贈諸友人。

發表後意外造成流行，這是劉鶚當時想像不到的發展，大概就像隨便寫在A4影印紙上的故事草稿，沒有經過特別的修改，還可以登上書店暢銷排行榜。

在劉鶚的日記裡，十月初三完成《老殘遊記》卷十一；初五的時候，已經開始寫卷十六，產出速度比在網路平臺每日更新小說的創作者快上不只一倍，根本可以懷疑他是被理科耽誤的文學奇才。

有時候，人們很難替自己做出公允的評價，必須透過旁人的批評或肯定，才能得到完整的答案。

如果劉鶚不寫小說，永遠會覺得自己不懂文學。

名偵探老殘

劉鶚筆下的老殘，不僅是一位醫生，還是個偵探。

《老殘遊記》第十八回「白太守談笑釋奇冤，鐵先生風霜訪大案」記述了一場離奇的命案與一次神奇的推理，甚至讓老殘被冠上「福爾摩斯」的稱號。

一部古典章回小說裡，竟然出現英國偵探小說主角的名字，這代表劉鶚看過柯南．道爾的作品，也知道福爾摩斯時常需要出門調查、訪談案件，才會讓書中人物白太守說出：

「這種奇案，豈是尋常差人能辦的事？不得已才請教你這個福爾摩斯呢！」

當時發生一件賈家十三口遭人以砒霜毒殺的社會案件，主要嫌犯是賈家媳婦賈魏氏與她的父親。由於負責審理此案的官員以清廉自居，誤判客觀證據而做出悖離事實的結論，最後以嚴刑逼供迫使清白的魏家父女坦承行凶殺人。

這個情節似曾相識。周星馳電影《九品芝麻官》裡也有雷同的段落：戚家十三口慘遭殺害，而媳婦戚秦氏遭誣陷以砒霜殺害全家，最後則由周星馳飾演的包龍星主持正義，揭開事情的眞相。

從毒物、嫌疑犯、死亡人數，以及故事背景來看，《九品芝麻官》的創意應該來自於《老殘遊記》，以古典章回小說爲基礎，再製造出不同的娛樂效果。

雖然，小說裡的老殘不是親自審理此案的官員，也不會說出電影臺詞「說好公堂之上不准提老母」，更不會誤把明朝的尙方寶劍拿來斬清朝的官，但他爲了拯救冤枉的魏家父女，請到眞正的「清官」白太守重新審理此案。

白太守的推理過程如下：

賈家疑似食用加入砒霜的月餅而死，但從現場遺留的半塊月餅發現，砒霜並沒有與內餡和在一起，明顯是後來才放入的。此外，相同的內餡亦分送給其他人家製作成月餅，但只有賈家人死亡，別人卻安然無事，這就代表內餡沒有問題；而砒霜也不可能加進月餅乾硬的餅皮裡。最後，既已得知月餅無毒，魏家父女自然也是無罪。

從此一段落的情節安排，可以看出劉鶚的邏輯思維能力，讓白太守掌握相當程度的事實證據和相關訊息，再基於已知的前提，逐步推演出合理的結論。

當時並沒有推理小說的完整概念，但《老殘遊記》的這部分已具備推理的元素。「賈家一案」的處理是透過老殘與旁人的對話來敘述事件緣由，再讓白太守推理證明嫌疑犯的清白，最後的還原眞相，則要再靠老殘完成。

所以，白太守才會說出：

「就決定是你這個福爾摩斯了，老殘。」

這不僅表示翻譯小說爲晚清的小說創作者帶來影響，《老殘遊記》裡也顯現出這一點：劉鶚試圖嘗試創作偵探（老殘）與警官（白太守）的聯手辦案故事。

劉鶚一直走在時代前面，落後的人卻以爲自己領先。他曾引進外資開採國內鐵礦，卻被斥爲「漢奸」；也曾買下俄國米倉來救濟飢民，但又被潑上「私盜」的髒水；他認爲學習西方科技，有助於中國實業的發展，這樣的主張卻勾引出不少人的焦慮與貪婪，認爲這是出賣國家、阿諛媚外的行爲。

最後，劉鶚被放逐到新疆，途中因腦溢血而死。但真正的凶手不是疾病，是那些自私、愚蠢、傲慢，以及自以爲是的「好人」。

厭世國文老師的德行評語

落淚是悲傷的出發，也是離開。

魯迅

在密室裡大叫吧

——〈孔乙己〉

別稱	本名周樹人，字豫才
輔導紀錄	1.曾經當過日本留學生。 2.興趣是抄寫古碑。 3.跟自己弟弟相處不太愉快。 4.語言能力非常好，有一套自己的翻譯原則。 5.適合擔任校刊編輯社的社長，沒人交稿的時候可以用不同筆名寫文章。

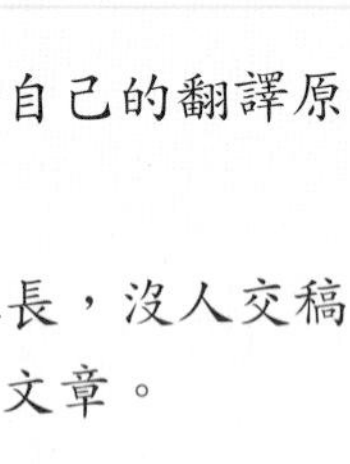

再大聲一點，才聽得見

有一間沒有任何窗戶的鐵屋子，堅硬的牆壁讓人難以摧毀，裡面有許多人正處於深層的睡眠，而絕對的密閉空間將使他們缺氧而死。不知道是幸或不幸，目前只有你是清醒的，而你有兩個選擇：

A、忽視不理

B、大聲喊叫

不一樣的決定，卻會啓動相似的悲哀開關。選擇A的話，只有意識清楚的你必須面對死亡的痛苦，其他人則會在沉睡裡失去生命；選擇B的話，意識清楚的除了你，或許還會多一些人，但他們同樣要遭受缺氧的折磨，等待的結局依舊是死亡。

在注定全滅的情況下，選擇A或B的差別，只在於感知痛苦的人數多寡。兩個選項比較起來，盡可能減少痛苦，似乎是比較合理的考量。

然而，如果眞的要爲了生存賭上一次，你應該拚命大聲喊叫。

魯迅在《吶喊》序文裡提到這樣的兩難情境。當時有一位名喚金心異的老朋友到自己的住處拜訪，希望他停下手邊鈔古碑的工作，好好寫上幾篇文章，意思是要告訴魯迅：

「不要浪費生命啦！」

「金心異」這個古怪的名字，是文字學學者錢玄同的代稱。當時他正在辦《新青年》雜誌，還沒有什麼人支持，也沒有什麼人反對，簡單講就是沒沒無名，一個不小心還可能把「創刊號」變成「休刊號」。

面對這樣的邀請，魯迅以「鐵屋子」的譬喻做爲回應，覺得以文學推行思想文化的革新，不過是讓更多人醒覺自己的無能爲力，但最終仍是走向相同的滅亡結局。

如此消極的答案，聽起來不太像是課本裡讀到的魯迅。但他才剛經歷了籌辦《新生》雜誌的失敗——這本想獲得新生命的刊物最後根本沒生出來，魯迅自稱彷彿被毒蛇般的寂寞纏住靈魂，做什麼事情都提不起勁，聽到還有人在辦雜誌，覺得對方應該也和自己一樣寂寞。

不過這句話打破了魯迅以寂寞閉鎖的鐵屋：

「然而幾個人既然起來，你不能說絕沒有毀壞這鐵屋的希望。」

喚醒大衆的負擔非常沉重，重到沒有人可以獨自扛起；過程也十分緩慢，慢到需要不斷有人接棒下去，所以必須依賴其他人的加入，才能夠維持改變的動能，並增加影響的範圍。只要願意相信，總有看見希望的那一天。

於是，「魯迅」這個筆名應時誕生，以此在《新青年》第四卷第五號上刊載自己的第一篇白話小說〈狂人日記〉。

文學創作確實給了魯迅一種「理想」的未來救贖。理想是明亮炙熱的火焰，而且會燒灼自己與旁人的靈魂，留下不可抹滅的烙痕。從他年輕時放棄在日本仙台醫學專門學校的學業開始，即是想要將自己的理想蔓延擴散到社會與文化。就算肉體走到生命終結的那一天，文學依舊可以繼續點燃崇高的理想。

魯迅彷彿是從三類組轉到一類組的高中生，覺得學醫不是最重要的事。他從一張日俄戰爭的史料照片裡獲得啓發，裡面的一位同胞正在受苦，周圍留著相同血液的人們卻露出麻木的表情。

據此，魯迅認爲國民的無知與國族的弱小，無關體格健全與否，而是人格精神的衰退。將傳統的儒家思想體系和同樣傳統的語言文字相混合，再丟進封閉的龐大社群裡，即是那間堅固不透氣的鐵房子。

幸好，還有人願意吶喊，而不是默許悲劇的發生。

被霸凌的孔乙己，可憐哪

道德與良知固然美好，卻與大眾需要的庇護與關愛無關，而且也未必是它們的源頭；甚至在僵化的體制裡，反而成爲限制與迫害。魯迅在〈狂人日記〉裡寫著：

我翻開歷史一查，這歷史沒有年代，歪歪斜斜的每頁上都寫著「仁義道德」幾個字。我橫豎睡不著，仔細看了半夜，纔從字縫裏看出字來……

一位活在恐懼中的狂人，發現字與字之間的縫隙寫滿「吃人」，魯迅藉此批判兩種被視爲「正常」的不正常動機。

第一種是虛僞的安全，扭曲了儒家的仁義道德內涵，試圖規範與節制群體的欲望，目的是要維持社會的和諧與秩序；第二種是從眾的性格，傳統文化建構出一個多數人認同的系統，藉此強調服從的重要性，若是想要獨立於此，則會被視異端。

所以，魯迅相信，解決不正常動機的做法，乃是寄託於未來的下一代，在尚未受到思想箝制之前，使他們獲得有意義的知識、思辨，以及價值觀。

四號。

〈狂人日記〉之後，〈孔乙己〉成爲魯迅第二篇白話小說，發表在《新青年》第六卷第四號。

魯迅曾經補充說明撰寫此文的動機：

那時的意思單在描寫社會上的或一種生活，請讀者看看，並沒有特別的深意。

他認爲〈孔乙己〉只不過是一種社會現象的敘述，未必值得讀者深究，更不應該被拿來做爲攻擊他人的工具；也許是孔乙己這一個人物形象，容易讓人產生對號入座的聯想。

如果幫魯迅再用更白話一點的方式解釋，大概會是：

「我不是針對你，我是說在座各位都是孔乙己！」

因此，現今讀者閱讀〈孔乙己〉時，仍能感受到舊社會、舊生活，以及舊知識分子的矛盾與掙扎。

魯鎮是封建社會的縮小版本，咸亨酒店是從前不同階層人民生活的空間，孔乙己則是科舉制度中失敗與墮落的知識分子。

魯迅塑造了一個無力面對生活困境的悲慘人物，沒人認眞記住他的名字，只根據姓氏再加上不知所云的性情，給了他一個「孔乙己」的外號，甚至還會大聲宣揚他的難堪事情，像是網路上最常拿來當梗使用的「傲嬌偷書」一事（人家……人家才沒有偷書呢），無論孔乙己如何反駁，依舊不會獲得任何同情，反而成爲取樂的對象：

引得衆人都哄笑起來，店內外充滿了快活的空氣。

當多數人認定你愚蠢無能的時候，任何解釋都不過是在證明自己的確如此。

教育工作者應該會抗議：

「這是霸凌！」

在缺乏共同情感的群體中，會以個人能力做爲辨認、區別的條件，判斷對方是否有資格融入自己所屬的團體。這種如同「關係霸凌」的行爲，不僅會發生在學校，也有可能出現在社會。

成熟的大人未必不會做出幼稚的舉止。

當然，魯迅藉著那些嘲笑與諷刺孔乙己的涼薄群衆，揭露封建制度與科舉制度所毀壞的，不僅是知識分子，還加速了社會風氣的腐敗。

〈孔乙己〉這個故事同時也是我們的處境，只不過現在是由資本主義取代封建制度，而科舉制度則被升學主義取代。無論發出多少次聲明、改革，以及理想的願景，現實人生總是意外地與虛構的小說如此相似。

知道回字有四種寫法，又怎樣？

渴望獲得「優勢」地位是人之常情，而閱讀〈孔乙己〉的時候，由於是虛構人物的緣故，我們較容易做出輕率的批評；並不是說要當個虛僞的讀者，而是如果對孔乙己的悲慘沒有任何同情，那麼不過是多一個人加入嘲笑的隊伍。

即使知道：可憐之人必有可恨之處。

魯迅在描寫孔乙己的不合時宜時，用了一段教小夥計識字的情節，並且讓他提問：

「回字有四樣寫法，你知道麼？」

根據高中國文課本常見的說明，這一方面是顯現孔乙己的本性良善，另一方面則是賣弄無用的學問。

嚴格來說，世上沒有無用的學問，只有不會用的學問。

漢字的認識是閱讀與寫作的基礎。有時我會懷疑常寫錯字的學生，到底是怎麼和其他同學溝通的？即使是用手機輸入文字，也該知道正確的寫法，才能辨識與確認；還是因爲漢字的順序與缺漏不會影響閱讀，仍能以不精準的方法接受與傳遞訊息？

在刊刻傳寫的過程裡，漢字出現各種分歧的樣貌：同樣一個字，可能會有俗體字、異體字的不同，現在還多出簡體字需要辨識。孔乙己知道「回」字的四種寫法，不過是對於文字變化的基礎有所了解，試著和眼前的孩子分享罷了。若是將這樣的知識放進《紅樓夢》第三十回「齡官畫薔」故事裡，或許可以避免閱讀理解上的誤會。

《紅樓夢》中的賈寶玉無意在薔薇花架聽到哭泣的聲音，只見一個女孩子拿著綰頭的簪子挖著地上的土。他本以爲是在學林黛玉葬花：

「不但不爲新特，且更可厭了。」

正想嘲弄對方是在東施效顰，卻意外發現她雖然用金簪畫地，但並不是掘土埋花，而是不停在地上寫字。

曹雪芹如此描寫：

寶玉用眼隨著簪子的起落，一直一畫一點一勾的看了去，數一數，十八筆。自己又在手心裡用指頭按著她方才下筆的規矩寫了，猜是個什麼字。寫成一想，原來就是個薔薇花的「薔」字。

如果你像賈寶玉一樣（不是指多金多情的部分），有著基本的好奇心與算術能力，邊看邊寫出一個「薔」字，那麼會發現：這個字只有十七畫，而不是十八畫。

難道曹雪芹的數學不好，就像需要每學年申請重補修的學生嗎？按照《紅樓夢》一書的嚴謹程度來看，實在不可能犯下如此低級的錯誤。

但若是孔乙己看到這裡，應該會說：

「回字有四樣寫法，齡官寫的『薔』字底下，是寫成『囬』啦！」

這樣一數，剛好十八畫，讓我們得以從錯誤的理解與過分的自滿中掙脫出來。原本被視爲無用的知識，仍有解決疑惑的功能。

此外，在〈孔乙己〉中一路旁觀的「我」，除了發揮推展故事劇情的功能，也隱約在黑暗的世界裡留下一點溫暖。沒有人在乎孔乙己的死活，只有「我」在二十多年的某個時刻還會獨自掛念。

社會裡依舊存在著微弱且渺小的良善。

正如收錄了魯迅短篇小說的《吶喊》一書，其英文書名「Call to Arms」，不僅期待能喚醒群眾微小的公共意識、逐漸伸出援手相互扶持，這裡也隱含有「革命」的意思。

孔乙己走過的道路，可能是我們正在躊躇的十字路口；魯迅看過的風景，或許是我們此刻徬徨的人生抉擇。

厭世國文老師的德行評語

痛苦，那就吶喊吧！

賴和

稱仔斷了怎麼辦？

——〈一桿「稱仔」〉

別稱	本名賴河，筆名懶雲
輔導紀錄	1.喜歡穿短褲。 2.愛讀民間故事，覺得很有真實的感情。 3.主張結婚登記就好了，不用辦什麼請客的筵席。 4.嘗試以「徒步旅行」做為記錄青春的方式。 5.適合擔任學校志工服務隊活動組組長，協助幹部訓練與旅遊計畫（偶爾可兼文書組）。

勇士當為義鬥爭

以現在國中畢業的年紀，要考上臺大醫學院很難嗎？出身臺灣彰化的賴和或許會表示：

「我覺得可以！」

明治四十二年（西元一九〇九年），十六歲的賴和成爲臺灣總督府醫學校（也就是現在的臺大醫學院）第十三期新生。他順利考上許多中華民國高中生心中的第一志願，將會成爲一位備受社會期待的知識分子，擁有比較好的薪水與社會地位。

當然，日治初期臺灣人的中等教育選擇，僅有國語學校和醫學校等職業學校，普通科要到大正四年（西元一九一五年）林獻堂等臺灣仕紳合力創辦臺中中學校（今臺中一中）後，臺灣學生才有多一項選擇的機會。

在如此的時代背景裡，賴和方能這麼年輕就完成現在學生難以企及的目標。與他同班的同學還有學霸中的書卷獎得主 aka 未來臺灣第一位醫學博士 aka 高雄醫學院（今高雄醫學大學）創辦人 aka 臺灣醫學之父杜聰明。兩人曾一起徒步旅行，花了六天五夜的時間，從臺北返回賴和老家彰化。

賴和曾以〈遊伴〉一詩做爲紀錄：

思向風塵試筋力，火車不坐自徒行；吃苦本來愚者少，相隨難得有聰明。

此處的「聰明」是雙關，不僅自嘲笨蛋才會願意吃苦，有輕鬆的火車不搭，竟然要靠雙腿走到目的地，畢竟以前路上可沒這麼多便利商店，隨時可以補充飲水和食物；同時也是慶幸有同學「聰明」情義相挺，讓這一場青春冒險增添不少趣味。

不知道兩位成績優異的醫學院新生，在這不算短的路程裡，會不會聊到關於自己對於臺灣這片土地的愛與夢想，但一定有感受到地方鄉民的熱情，並且觀察到生活不同的模樣。

走路的速度很慢，慢到可以好好發現、思考，以及再一次認識自己。

如果認識杜聰明，讓賴和藉由徒步旅行鍛鍊肉體與意志力；那麼認識蔣渭水，則把賴和推向民族與文化的殿堂。

蔣渭水是小賴和一屆的醫學校學弟，畢業後以「社會在走，臺灣精神要有」的心態，積極參與各種社會運動，大正十年（西元一九二一年）組成「臺灣文化協會」，利用書報、活動、講演、話劇、營隊等各種方式，幫助臺灣本土文化的發展。

學弟成立一個多達千人的社團組織，身為學長的賴和自然要以行動力挺自己人，他決定擔任協會的理事一職。

這一批知識分子彼此交流、溝通，以及聯繫各個群體，創造出具有共同意識的主張與行動。一九二一年到一九三四年，臺灣知識分子開始進行「臺灣議會設置請願活動」，裡面的成員幾乎和臺灣文化協會相同，並視此為自身職責，屢次向日本爭取在臺設置自治議會。

一九二三年，蔣渭水這些人為了趕緊完成「臺灣議會」的成立，而進行「臺灣議會期成同盟會」，這樣一個有系統、有組織、有規模的行動，觸犯了臺灣與日本國內已實施的《治安警察法》，也就是：

「政府沒給你的，你不准做。」

人們面對不合理的壓迫，有屈服與抗爭兩種選擇，但無論你做了什麼決定，壓迫皆會以不同的方式出現。

大正十二年（西元一九二三年），臺灣總督府警務局主動抓捕那些不斷抗爭的知識分子，認為他們增強臺灣人的反叛意識，擔憂未來可能會出現大量模仿的行為，而曾經加入臺灣文化協會的賴和，也被視為其中一員。

於是，在這場史稱「治警事件」的檢舉與逮捕裡，賴和在牢房裡待了二十多天，從臺中銀水殿轉囚禁至臺北監獄。他寫有〈繫臺北監獄〉一詩：

我向鐵窗三日坐，心同面壁九年人。

監獄生活對賴和而言，是一次難熬的修行；不過關了數天，卻已經像被精神折磨了多年時光。

然而，正如賴和的〈吾人〉一詩：

世間未許權存在，勇士當為義鬥爭。

只要強權存在一天，以正義為名的戰鬥就永遠不會結束。

那近似於人的生活

賴和的〈一桿「稱仔」〉是一個無處可逃的故事。高中國文課本收錄這一篇小說的時候，刪去了主角秦得參只有苦難、窮困，以及病痛的成長過程。

在多數人皆窮困的鎮南威麗村裡，秦得參一家尤其悲慘：父親早死，留下孤兒寡母；原本寄望可以成爲依靠的繼父，不但沒給予他們期待的幸福，反而時常打罵秦得參。必須非常努力，秦得參才能活得像一個人，因爲大部分的田地都被製糖會社租走或買去，即使想要有田地耕作也不容易；但若是在製糖會社裡工作，則會成爲黑心企業底下的血汗勞工。

在這裡，賴和或許是想藉秦得參的遭遇提醒大家：

「窮人之所以窮，未必是他們不努力。」

企業與政府一旦達成某種默契或協議，在以營利爲主與缺乏制衡的狀況下，最先犧牲的就會是底層人民的權益。

根據何鳳嬌在〈日治時期臺灣新式製糖會社的土地政策〉的研究，當時的政府曾協助彰化地方的製糖工廠，讓農民以「被自願」的方式出售土地。由於購買的價格非常低廉，還出動警察毆打與拘禁那些不願意接受的農民；而為了方便土地的過戶買賣，更在舊二林支廳內（現在的二林鎮托兒所）設置臨時登記所和刻印章的鋪子，完全不讓農民有任何藉口拒絕這個「好心的」提議。

受限於職業、收入所得、教育程度，與居住地區，不是每個人都有選擇的自由與權利，大多數窮困的人們只有被迫接受的「選擇」。

賴和看到了不公平的現象，試著讓筆下的人物突破這樣的困境：秦得參不僅有了老婆，還有一對兒女，但貧困的生活尚未好轉，又因過勞罹患瘧疾。

貧窮與疾病是重創安穩生活的兩大危機；找出提升薪水所得的方法，也是克服這兩項問題的關鍵所在。

高中國文課文即從秦得參試圖解決困境，以及要讓妻兒過個好年開始，於是有了當金花、借稱仔，往市集賣菜等內容。

之後，秦得參在市場內與巡警發生衝突，他依循吩咐且放低姿態的行為，反而成為對方生氣的理由。

年輕的時候，我無法理解秦得參和巡警為何會發生衝突，甚至他明明只是按照巡警的要求做事而已，理應正確的事情怎麼錯了？

長大後發現，巡警要他：「你稱稱看。」就跟我想出門玩耍時，我媽說「你試試看」一樣，千萬不能當眞照做。但秦得參不懂，我也不懂，所以下場都很淒慘。

秦得參該如何應對才好？

到了現在，我才慢慢明白：這個世界是由謊言建構而成的。

誠實，害了秦得參。巡警用謊言提問，秦得參也該用謊言回覆，一切或能相安無事。

當然，若是對方眞心找自己麻煩，任何的委屈求全依舊會是徒勞無功。

故事裡的「稱仔」被巡警折斷，除了象徵公正的破壞，也代表對誠實的懲罰。

留下的只有秦得參的不解：

「難道我們的東西，該白送給他的嗎？」

這句話其實要說的是：

「爲什麼不能反抗？」

悲哀的是，當他們發生衝突的時候，旁邊沒有人願意相助，只在事後出來閒言閒語。賴和如此寫著：

眾人議論一回，批評一回，亦就散去。

這跟現在網路鄉民對於新聞的看法沒有什麼不同，往往議論一回，批評一回。然後就不了了之。滿足窺探隱私的欲望後，只剩下虛無空洞的結論。

但是要生命強吞

秦得參究竟爲什麼選擇死亡？我想應該是因爲看見了人性醜陋的一面，謊言、壓迫、自私，以及是非黑白的混淆。

在〈一桿「稱仔」〉的最後，得罪巡警而坐監三天的秦得參，因爲老婆拿出三塊錢贖人的關係，提早獲得釋放並返回家裡圍爐過年。但他始終睡不著，覺得有一種不明瞭的悲哀，嘆息道：

「人不像個人，畜生，誰願意做？這是什麼世間？活著倒不若死了快樂。」

眞正的無處可逃，不是被關在密室裡，而是走在一道接著一道的長廊，長廊與長廊彼此交錯縱橫，無論怎麼努力，依舊找不到出口。

無論怎麼努力，秦得參只是勉強活得像個人，最後還發現這樣的努力，其實連「人」都算不上，反而更接近一頭俯首乞憐的牲畜。

小說中，秦得參那不明瞭的悲哀正是這般。之後他回憶起母親臨終的快樂容貌，於是明白：死亡就是那無窮無盡長廊的出口。

賴和在後記提到：

近日看到法朗士的〈克拉格比〉，才覺這樣事，不一定在未開的國裡，凡強權行使的地上，總會發生，遂不顧文字的陋劣，就寫出給文家批判。

秦得參的故事，是眞實上演的人生；如果拍成電影，應該是以黑白方式呈現，因爲裡面的悲劇實在太令人難以直視，必須降低色彩的渲染力量。賴和一直無法用紙筆還原這樣的生命歷程，覺得「被悲哀填滿了腦袋」，直到發現這樣的故事，不只會在自己身邊發生，也曾在別的地方出現。

法國小說家法朗士敘述一位賣菜小販克拉格比，被判罰一項與他無關的罪行；但他眞正犯下那項罪行的時候，卻又獲得赦免。如同變形蟲一般的法律，讓人無所適從。準確地說，弱勢者無法藉由法律獲得足夠的保護，法國的克拉格比如是，日治時期臺灣的秦得參也如是。

強權，總會以不同的樣貌降臨，徹底毀掉人們正常的生活軌道。

昭和十六年（西元一九四一年）十二月八日，賴和的生活軌道開始偏移，他第二次被捕入獄，上一次已是十八年前。

賴和再度回到監獄，那種好不容易壓抑在內心深處的恐怖經驗逐漸浮現出來，成爲巨大的怪物。或許是爲了化解焦躁、不安，以及寂寞，他在第八日時開始寫日記。

回憶前面數日，賴和總在期待能聽到自己獲釋的消息：

在無聊中，每只作希望，雖可小慰一時，及至希望破碎時，其悲更甚。

希望如泡泡冒起，旋即破滅成飛沫；本來堅信的價值逐漸動搖，正確判斷的能力也被剝奪。賴和想要苦中作樂，重新振作起來，卻沒想到反把自己推向更深的懸崖。在監視與懲罰的空間裡，怎麼有辦法獲得統整生命的力量？

此外，每當夜間房門鎖上後，賴和總會不自覺感到口渴、尿意，想請求看守人員開鎖協助，卻又擔心觸怒對方而獲得更差的待遇，不得不用力忍耐，最後輾轉難眠。

獄中第十六日，賴和悲觀地認爲已沒有獲得自由的一天，於是開始審查自己過去的行醫生涯：

> 我自辭了醫院，在彰化開業近二十五年了。我的穿臺灣服也是在開業後就穿起來，純然是爲著省便利的起見，沒有參合什麼思想在內。

認爲穿著臺灣服裝是爲了方便，並沒有刻意強調本土精神，甚至自己也做好了洋服，準備在當值的時候穿上。

除此之外，賴和醫生的良心，沒有任何過不去的地方。

過不去的是他衰弱的身體。入獄三十九日後，原本看似輕微的腹瀉變成嚴重的心悸。

昭和十七年（西元一九四二年）一月，賴和病重出獄，同月三十一日，即因僧帽瓣（即二尖瓣）閉鎖不全逝世。

〈一桿「稱仔」〉裡，貧困和病痛沒有殺死秦得參，讓他喪失求生意志的是壓迫與無助；或許，賴和也是如此。

厭世國文老師的德行評語

正義，需要無懼的勇氣。

參

覺醒青年

世界要靠我來拯救

覺醒青年群組（4）
黃宗義
學校為什麼禁止訂外食？
我親自到其他學校看過，都沒有這種規定。
顧炎武
我查過學校的史料，十年前明明還可訂外食！
文天祥
學生餐廳臭死了。
黃宗義
@文天祥 歡迎加入學生會，一起爭取學生權益。
文天祥
可是，我參加的抗議活動都沒成功過 QQ
厭世國文老師
先別管外食了，今天到底輪到誰抬餐？
Aa

文天祥

花家裡的錢

——〈正氣歌〉

別稱	**字宋瑞， 又字履善，號文山**
輔導紀錄	1.爸爸夢見小孩坐著紫雲降落，所以有個名字叫「雲孫」。 2.喜歡下象棋，也喜歡夏天在溪裡洗澡，曾經同時做這兩件事。 3.曾做過十多次「髑髏滿前後無數」的惡夢。 4.個性放蕩不羈，喜歡玩耍和辣妹。 5.適合擔任體育股長，因為體育股長都長得很帥。

名字取得好，求職沒煩惱

外貌，是社會群眾評斷一個人最初始的關切，如果將人類比喻為物件是種合理的方式，那麼將皮膚的潔白比做玉石，也是正常的現象。

文天祥就是這樣一個玉石打造成的美男子，《宋史》形容他的身材外貌是：

體貌豐偉，美皙如玉，秀眉而長目，顧盼燁然。

顏值高、皮膚白，不但身材超級好，眼神還透露出溫柔與自信的魅力。長得帥就算了，更可惡的是還很有內涵。

宋寶佑四年（西元一二五六年），二十歲的文天祥在集英殿參加筆試，不需要先擬草稿，馬上就完成一萬字的作文，最後理所當然地成為第一名。

文天祥不僅長得好、寫得好，名字也取得好。當宋理宗在集英殿見到其名「天祥」時，他高興地說：

「天之祥，乃宋之瑞也。」

所以，文天祥多了一個御賜的字「宋瑞」。越是山窮水盡的國家，以及走投無路的領導者，才越是需要吉祥的徵兆帶來好運氣。人力無法克服的難關，只好託付給上天，希望出現力挽狂瀾的奇蹟。

宋理宗在位四十年，沒有什麼重大過失，也稱不上是廢物，頂多像是高三學生畢業前一個月：他也一樣忘記要持續努力，很輕鬆地找到休息的理由。但在內憂外患的困境裡，領導者的平庸就是錯誤。

在危傾的大樓裡，正常人的第一反應是逃跑，只有少數人會願意留下，用盡智慧與精神來維持穩定的狀態，南宋就是那座危傾的大樓，而文天祥則是願意留下來的少數人之一。

小時候，文天祥見到學宮裡掛著歐陽脩、楊邦義、胡詮等人的畫像。由於這些人的諡號都有「忠」字，他忍不住說出心中嚮往：

「我一定要加入他們，成為眞正的男人！」

換句話說，文天祥認為「忠」是道德人格的最高典範，也是生命意義的終極目標；他在成爲殿試第一名的作文裡，也充分展現這樣的情意。當時的考官王應麟評論：

「忠肝如鐵石。」

王應麟從文字裡發現文天祥堅毅的忠誠，認爲他足以成爲國家的棟梁；後來也證明的確如此，群體利益永遠擺放在個人生死前面的位置。

開慶元年（西元一二五九年），大元出兵伐宋，宦官董宋臣建議遷都。在戰況尚未明朗之前，改換首都至另外一個城市，看起來像是逃跑，對於前線軍隊的士氣是一種打擊，卻無人敢出面反對，畢竟這位宦官有著「閻羅」的稱號，不僅深受宋理宗的信任與喜愛，更善於濫用權力排除異己。

文天祥頂住壓力，上書請求斬掉董宋臣，以安定躁動的人心。結果當然不如預期，最後只能說：

「那老子不幹了！」

第一次「宋瑞」VS「宋臣」之爭，由文天祥自請免職爲結束。

後來，擁有高人氣的文天祥再次回到政治舞臺，仍舊站在董宋臣的對立面，繼續上書列舉其罪。或許是沒有聯合其他人響應的關係，整個朝廷一片靜默：

「……」

第二次「宋瑞」VS「宋臣」之爭，由宋理宗已讀不回做結束。

政府的虛僞與官員的敷衍，逐漸腐蝕國家的經濟、外交，以及國防，文天祥試著傳達這樣的訊息：

「振作好嗎？」

鼓勵人們正視、反省、解決造成影響的問題，此一言論的順利運作，必須仰賴領導者與政府官員齊力完成，但在粉飾太平的氛圍裡，卻無法有太多改變。文天祥也曾嘗試以間接、不合作的方式對抗權威。像是在起草詔書的時候，諷刺「靠姊」獲得權力的賈似道；或是缺交賈似道吩咐的作業。感覺有點像是討厭老師的學生，故意在考試時交白卷或亂畫插圖，目的是爲了惹老師生氣。

三十七歲的文天祥，成功得罪主管，提前享受週休七日的退休生活。

有錢人的快樂

提前退休、財富自由不是夢，文天祥做到了！

事實上，這位才貌雙全、忠肝義膽的美男子，每天都過著奢侈的日子，當你以爲金錢不能買到快樂的時候，文天祥用行動告訴你：

「那是你錢不夠多，不然有錢眞的很快樂。」

對他而言，愛國與愛自己一樣重要；食衣住行都要最昂貴舒適的，務必使自己的身心靈獲得表面的富足。文天祥若是活在二十一世紀，一定會戴上名表、開著跑車去夜店狂歡，然後再載幾個辣妹一起嗨翻天。

有錢人的快樂，就是如此的膚淺庸俗且令人羨慕。

提到「忠臣」，我們很容易在腦中描繪出一個「痛苦」的受難者形象，彷彿必須歷經劫難折磨，甚至是死亡，才有資格晉身到愛國的行列中。但文天祥並非完全如此，會令那麼多人崇拜，不僅是捨生取義而已，更是他願意捨棄眼前安逸的生活，在各種道德試煉裡，做出最少人選擇的決定。

德佑元年（西元一二七五年），元兵入侵，長江上游告急，政府不得已發出求救訊息。文天祥立即變賣自己的家產，換成軍費——平常覺得愛國與愛自己一樣重要，但面臨關鍵考驗的時候，卻想也不想地奉獻出個人的一切。

平常習慣享樂，卻願意承受痛苦的人，遠比平時因習慣而承受痛苦的人還要來得偉大。從他人的需要裡，看見自己的責任；文天祥從國家的需要裡，看見自己的義務。只要提到頹乏的時局，他總忍不住流下男兒淚：

「樂人之樂者，憂人之憂；食人之食者，死人之事。」

如果別人帶給自己快樂，就應該承擔對方的痛苦；倘若別人照顧自己的生活，也必須捨棄自己的生活做爲回報。

自文天祥決意參與戰事開始，便再也不回去往日時光了：每天都有某部分的自己壞死，而任何體內新生的組織，都是屬於別人的、社會的，以及國家的。

然而，就像沒經過任何訓練的球隊一樣，比賽的勝利只能倚靠奇蹟，不過勝利女神不會因爲你比較可憐就微笑。

可憐的文天祥是屢戰屢敗，屢敗屢戰。

這樣還不是最慘的，更慘的是自己派遣的軍隊曾爲了渡水求生，斬斷溺水同袍緊抓著船緣的指頭，最後的殘兵敗將則盡數戰死。

德佑二年（西元一二七六年）正月，宋朝即將投降。在此之前，文天祥已經一路退至臨安。見到幾乎不可能逆轉的情勢，他轉頭詢問自己的幕僚：

「狀況很糟，怎麼辦？」

文天祥都不知道怎麼辦，這些幕僚也想不出什麼有效的方法，只能回答：

「一團血。」

意思是我們一起死。也怪不得大家會出現如此消極的想法，若是不想投降，當然就剩下自殺一途。

這彷彿是「媽媽和女友掉進水裡要救誰」的二選一難題。對一般人來說，苟活和殉國二者之間，是會猶豫再三的決定，但換成以「忠」爲己任的文天祥，應該會馬上以身殉國、捨生取義。

奇怪的是，在這場嚴肅的對話裡，文天祥不自覺笑了：

「先別說這個血了，你們聽過劉玉川嗎？」

原來，劉玉川曾欺騙一位娼妓的感情，而爲了阻止對方繼續糾纏，假意要喝毒酒殉情，並巧言先讓娼妓喝下半杯，但應該接著喝完的劉玉川卻沒有照做，最後獨自離開現場。

故事結束，文天祥看著提議一起死的幕僚們說：

「各位該不會想學劉玉川騙我去死吧？」

語畢，衆人大笑，這時出現的笑聲不知道是尷尬，還是眞覺得幽默。我比較傾向後者。文天祥或許是想要大家再撐一段日子，不要這麼輕易尋死，事情還沒到這麼絕望的地步，只要自己還活著，其他人也就不准死。

人總會死，但不是今天。

義氣是什麼？我只聽過正氣

人什麼時候該死？文天祥很早就死了，只不過很晚才進到棺材。

準確地說，屬於文天祥個人的選擇與意志已經死了，之後的追尋與實現皆是為了國族而存在，也就是這樣的無私精神，召喚出群眾內在的動力，願意跟從他對抗來自外部的龐大壓力。

不過，文天祥的人物設定很糟糕，軍事戰略的能力值沒點滿，全部點到文學創作那個欄位，所以完全被元軍壓在地上打，戰到後來，連自己家人都落得被抓或被殺的下場。

元朝至元十五年（西元一二七八年，宋景炎三年）冬。再次戰敗的文天祥吞腦子自殺。「腦子」是冰片的別稱，大量服用可能致死，但也許他吃得不夠多，仍像個正常人一樣活蹦亂跳，最後被俘虜至潮陽（位於今廣東省）。

一到潮陽，文天祥見到元朝名將張弘範，按理應該要行禮跪拜，畢竟輸家總是任人宰割；但文天祥堅持拒絕，而張弘範也沒有強迫他就範，反而以賓客之禮對待。這樣的溫柔對待，其實是希望他勸降宋末三傑之一的張世傑。

服從強權，向來被弱者視為聰明的做法，理應配合演出的文天祥，卻脫稿演出，寫下〈過零丁洋〉一詩，藉此明志：

人生自古誰無死，留取丹心照汗青。

若是能在混亂失序的時間裡，找到自己的定位，那麼死亡並不可怕。

再過幾個月，張弘範在崖山與宋軍進行海上大戰，被囚禁在元軍船上的文天祥，只能眼睜睜看著自己的國家覆滅。

元軍順利完成亡宋的任務後，第一件事就是開派對慶祝，被當成客人而不是犯人的文天祥也受邀參加，張弘範找到機會勸說：

「國亡，丞相忠孝盡矣，能改心以事宋者事皇上，將不失為宰相也。」

假使原本的公司因經營不善而倒閉，有機會換家公司服務，且老闆依舊給你相同的薪資福利，相信很多人馬上應徵報到，但文天祥卻哭著說：

「先不要。」

原來無能為力，是最嚴重的過錯。犯錯的人怎麼有資格好好活著呢？張弘範頗有度量，儘管幾次善意皆被視若無睹，仍願意給予文天祥最好的待遇；不僅曾讚美〈過零丁洋〉是「好人好詩」，現在更派人護送他至大都。

路上，文天祥絕食八天，後來發現這樣似乎不會死，於是又開始吃飯。那當初為何不好好進食？大概是要表示對於國破家亡的沉痛，總不能讓自己過得太爽，一副終於等到放假的樣子。

到了目的地，文天祥被關入兵馬司監獄，裡面飄散的味道複雜難聞，共有「水、土、日、火、米、人、穢」七氣。就像你走進夏天的傳統市場買菜，雞鴨魚肉水溝汗臭的氣味，彷彿一記又一記的重拳往你的鼻孔襲來，根本是物理傷害兼有毒性加成。

但文天祥強悍地說：

「彼氣有七，吾氣有一，以一敵七，吾何患焉！況浩然者，乃天地之正氣也。」

監獄再怎麼臭也不用擔心，因為自己有孟子的浩然正氣護體，然後寫下〈正氣歌〉，列舉歷史上十二位擁有正氣的人物故事，或許算是某種信心喊話：

「以前的人可以，那麼我也可以。」（哲人日已遠，典型在夙昔。）

任何過去事件都可以是多重詮釋，文天祥卻只讀出一項答案，把「正氣」做爲堅守信仰的最後防線，誰都不能試圖跨越與破壞。

肉身可以被消磨殆盡，但也是精神意志的誕生。

根據《宋史》記載，文天祥遭處決的那一天，仍是那麼從容自然，還對身旁的獄卒說：

「我的事，做完了。」（吾事畢矣。）

或許對他而言，過去的努力只是不斷靠近「忠」，現在才是眞正抵達終點。

死亡的那一瞬間，完成了失敗者的神話。

厭世國文老師的德行評語

我正氣，故我在。

顧炎武

聽媽媽的話

——〈廉恥〉

別稱	字寧人， 原名絳，世稱亭林先生
輔導紀錄	1.資優生，讀書能一次看十行文字。 2.討厭穿著木屐。 3.喜歡吃蒺藜，認為長久咀嚼可以不吃肉和不喝茶。 4.重視實用的學問，討厭空泛的大話。 5.適合負責共同筆記的製作，或參加讀書心得比賽。

重瞳怪人

聽自己的話，會知道自己想站在什麼位置；聽別人的話，會知道自己有沒有站錯位置。顧炎武聽媽媽的話，結果站在尷尬的時代夾縫裡。

明萬曆四十一年（西元一六一三年），顧炎武剛出生，就離開生父和生母身邊，送養到早逝的堂叔家中，好讓這一門的香火能夠傳承下去。當時的堂叔還有一位尚未過門的年輕未婚妻王氏，也在這個時候踏進顧家。

這位王氏，是個勇敢到會被人視爲愚蠢的女孩：明明可以踏在溫暖柔軟的玫瑰花街，卻走上一條冷清堅硬的石磚小路。之前她聽到未婚夫因病身亡時，先是不食數日，然後換上一身素衣，向父母說：

「兒願一奠顧郎。」

從此決定成爲顧家的一分子，即使只有自己孤單一個人，也要好好走完剩下的人生。顧炎武回憶母親的生命，如此形容：

未嫁守節，斷指療姑，立後訓子。

王氏不僅堅守一紙可說失效的婚約，還曾切斷自己的手指，混合在其他藥材裡，治療無血緣關係的親人，這大概是不知道哪裡道聽塗說來的偏方，認爲斷指有治病之效。

無論如何，王氏用盡力氣去愛護顧家的每一個人，奉獻青春、身體，甚至是夢想。

夢想都給了顧炎武。

白天，王氏紡織；晚上，讀書到凌晨三點鐘，她最愛看的是《史記》和《資治通鑑》，以及與明代政治相關的書籍。或許，在那個動亂的末世裡，回顧過去的歷史是一種對於未來的救贖，從中可以找到些許榮光。

雖然，我們從歷史裡學到的唯一教訓，就是永遠沒有得到教訓。

在這樣的環境底下，王氏用自己堅毅執著的人格，養成了顧炎武堅毅執著的性格。

如同王氏的期待，顧炎武成爲一位耿介正直的青年。但有一點很奇怪：他沒有朋友。

按道理，一位聰明、善良、忠實的大男孩，身旁的人們應該會樂於親近，但顧炎武就是沒有朋友。他的長相是有點特別：眼睛裡有著兩顆瞳孔；而且一般人的眼睛是黑色瞳孔在內，眼白在外，顧炎武卻是瞳孔在外，眼白在內，看起來有點像是漫畫裡的蠟筆小新。

這樣與眾不同的外貌，應該不至於讓人退避三舍，畢竟中國歷史上許多人物也擁有「重瞳」的特徵。《史記》記載：

舜目蓋重瞳子，又聞項羽亦重瞳子。

既然不是什麼詭異現象，更不會被視爲惡魔附身，那爲何顧炎武沒有朋友？嚴格來說，顧炎武是有個朋友，而且一樣難相處。

這位難相處的朋友名叫歸莊，他曾祖父就是那位在項脊軒裡讀書的歸有光。他們大概是覺得身邊的人多是廢物，才不得不在同溫層裡相互取暖。天才的行爲總是不被人理解，所以，大家給了他們一個稱號：歸奇顧怪。

這種奇和怪，或許只不過是未經社會化洗禮的純粹本性，但卻被視爲格格不入的特質。

後來，清兵入關。顧炎武加入南明小朝廷，以強大的意志力對抗強大的軍力，結果有如以卵擊石、螳臂擋車般，節節敗退。

甚至，顧炎武的母親王氏因此絕食而亡。根據〈先妣王碩人行狀〉記載：

七月乙卯，崑山陷，癸亥，常熟陷。吾母聞之，遂不食，絕粒者十有五日，至己卯晦而吾母卒。

聽聞國破家亡，王氏決定以身殉國。年輕時能剁手指作藥，現在少吃幾天飯也算不上什麼難事。臨死前，王氏不忘情緒勒索自己的兒子：

「這輩子，千萬別成為敵人的夥伴。」（汝無為異國臣子，無負世世國恩，無忘先祖遺訓，則吾可以瞑於地下。）

漫遊旅人

母親的話，是一根牢牢插進顧炎武心裡的針，永遠無法從靈魂深處拔除。他不僅積極參與反清復明的革命活動，也堅持拒絕修撰《明史》，這與黃宗羲的立場一致，認為這是清廷攏絡明朝遺民的一種手段：

「你對我好，我就要接受嗎？」

感覺似乎有點傲嬌，事實上也的確如此。像是黃宗羲嘴巴說不要，身體倒是很老實，雖然沒有正式進入「明史館」任職，還是願意接受各種相關問題的諮詢。

至於顧炎武，他始終牢掛母親的叮嚀，對於各種爲清廷修撰明史的邀約，沒有退讓過半步，甚至將死亡做爲拒絕的終極手段：

「不爲介推之逃，則爲屈原之死矣！」

不是逃，就是死！即使大學士熊賜履親自拜託，顧炎武的回應依舊沒有變得曖昧模糊，而是維持一貫態度。後來不管誰來勸說，他還是那樣回答：

「再逼我，就死給你看喔！」

被強迫而做出的選擇，其實也是個人自由意志的展現，因爲你選擇了安全的那條路。只是顧炎武始終站在走向死亡的起點。

每個人都有奔跑的能力，只是未必能抵達夢想的邊界；每個人都有選擇的權利，只是未必能得到理想的結果。

母親的死亡與明朝的滅亡，讓顧炎武的時間停止了。無論政治社會情勢如何變化，他依舊活在過去的記憶裡，不僅拒絕與現實狀況妥協，也避免與政治人物互動。

徐乾學和徐元文兄弟是顧炎武的外甥，曾受過他不少照顧與指導，後來進入政府機構做事，同時獲得大量的金錢與權力。雖然這兩位徐姓兄弟在歷史上的風評不佳，但對自己的舅舅仍保有相當程度的敬意。兄弟倆寫了好幾封信，說要將顧炎武接到南方，準備讓他住在田間別墅裡，享受退休人生。

顧炎武是南方人，回到熟悉的故鄉是很大的誘惑，然而他在弔謁完明朝皇帝陵墓後，便頭也不回地往北方前進，一方面是不喜歡南方人的浮華虛僞，一方面是計畫考察山川風俗。

顧炎武拒絕了外甥的盛情好意。

在陌生的疆域，才有機會出現嶄新的視野。

一路向北，就是半輩子的長途旅行。

如果你計畫要出一趟遠門，行李箱裡會放衣物、藥品、水壺，以及盥洗用品等，但顧炎武卻一直往自己的行李箱塞進各種書籍，而且書籍的數量還隨著旅行的時間一起增加。

人的大腦容量有限，需要額外的輔助工具：現在是網路，以前是書籍。

顧炎武的長途旅行是深入當地的深度遊覽。他喜歡與在地人密切對談，若是聽到不符合平日所知的內容，就會馬上衝向地方書店找書解答；他也喜歡在路上默誦經典注疏，偶有忘記的文字，一樣手刀衝向地方書店找書複習：

「我沒有忘記，一時想不起來而已。」

書籍是一種記憶的外接硬碟，可以儲存各種資訊與知識。不過在從前的年代裡，無法透過網路搜尋找到自己想要的訊息，只好依靠大腦建立一份目錄，藉此回溯記憶中的答案，或是找到書籍裡的存放位置。

爲了探究「眞實」與「進步」，顧炎武讀萬卷書，也行萬里路，記錄有關民生利害、山川風俗的各地資料，努力釐清當中可行與不可行、可信與不可信的部分，最後完成《天下郡國利病書》。

顧炎武如果有機會以一句話介紹這本書，大概會這樣說：

「我思，我到，我實踐。」

筆記高手

除了《天下郡國利病書》，顧炎武將自己累積三十多年的讀書筆記，重新編訂成冊，以子夏之言「日知其所亡，月無忘其所能，可謂好學也已矣！」為書名，也就是《日知錄》。換句話說，《日知錄》是一本面對人生考試的考古題庫與重點複習講義。裡面雖然沒附上精美插圖，卻加進了自己的心得感悟，在閱讀與研究的過程裡，顧炎武不僅抄錄文字，也思考道理。

高中課文〈廉恥〉即是節選自《日知錄》。考試很愛測驗學生能否分辨哪些是顧炎武抄錄古人的文字，哪些又是他自己思考後的說法，以此判斷學生的閱讀能力。這種考試方式不是不行，但顧炎武如果知道，一定會說：

「哪有人不看官方正版，就跑去讀同人二創的。」

即使這樣也沒關係，但高中課本的〈廉恥〉卻只收錄了顧炎武原文的一半，後面還有很大一部分都被刪除。我們不重視理解作者真實的意圖，反而強調文字的梳理方式。

記得「平提測注法」又如何？在缺乏與文本扣合的作文教學之下，學生非但難以複製相似的寫作手法，更無從發現這篇文章的價值。

在〈廉恥〉裡，顧炎武舉《新五代史》《孟子》和《顏氏家訓》三書的段落，分別做出以下評論：

「羞恥心最重要！」
「沒有羞恥心，會讓大家做壞事。」
「好啦！偶爾有正常人出現。」

如果這是一篇參加全國高中生讀書心得比賽的文章，應該會被評審老師視爲引用過多，最後只拿到甲等。

接著，顧炎武引用北宋理學大師羅仲素的說法：

「朝廷有教化，則士人有廉恥；士人有廉恥，則天下有風俗。」

良善的風俗文化需要從政府開始做起，而能否讓讀書人具備「廉恥」，則是成敗的關鍵。顧炎武對此沒有任何個人意見的闡述，馬上把重點轉向至軍事國防，認爲軍隊也要講究「廉恥」二字，再引用《吳子》和《尉繚子》兩本兵法書，以及《後漢書》這部史書。

顧炎武談述廉恥的重要性，係先從理論的建立，再回到歷史的觀察，最後感嘆現實的悲哀：

「再不知羞恥啊！你看以前的人輸得多慘。」（嗚呼！自古以來，邊事之敗，有不始於貪求者哉？）

這當然是意有所指。顧炎武補充說：

吾於遼東之事有感。

從頭到尾，這長篇大論裡的「廉恥」二字，都是有針對性的批評，所謂「遼東之事」，應該是指明朝與清朝前身——後金的一場大戰。

當努爾哈赤以「七大恨」宣告要打倒萬惡的大明帝國，隨即取得幾場遼東區域戰事的勝利後，明神宗決定展開大規模反擊，試圖以人數、武力，以及資源的優勢輾壓對方。

決戰地在薩爾滸山，本來應該毫無懸念獲得勝利的大明帝國，卻被努爾哈赤「管你幾路來，我只一路去」的戰略擊敗，從此這個國家的命運如推骨牌一般，應聲接連倒下。

失敗與成功一樣，皆是多項原因導致而成。但顧炎武檢視這段離自己不久的歷史事件，以及後來發生的種種變化，認爲戰敗的關鍵是當時的將領無法具備「廉恥」的操守。

〈廉恥〉不單是一篇讀書心得，還是一則隱晦的政治評論：

「貪心是失敗的開始。」

顧炎武從來沒有想寫出什麼道貌岸然的道德教條，更不會是高高在上的迂腐命令，而是從歷史反思現實，以現實理解歷史，避免錯誤再次發生，期待得到正確的答案。

厭世國文老師的德行評語

有羞恥的心，沒丟臉的事。

黃宗羲
報爸爸的仇

——〈原君〉

別稱	字太沖， 號梨州，世稱南雷先生
輔導紀錄	1.資優生，兩個弟弟也是。 2.積極參與社團活動，但後來社團被政府強迫解散。 3.曾到日本旅行。 4.數學、地球科學、音樂、地理、歷史各科皆精通。 5.品學兼優、文武雙全，可推薦該生參加模範生選舉。

用武器戰鬥

關於成功，選擇方向是第一步，堅持到底是之後的每一步。黃宗羲選擇成為一位「父仇者」，堅持替自己蒙冤受難的父親討回公道，最後讓眞相攤開在正義的陽光底下。

明天啓四年（西元一六二四年），大風揚沙，晝晦十日，京師出現三次地震。大概是天氣影響心理，心理再影響生理，搞得皇帝情緒和身體都不是太好。

此時，黃宗羲的父親黃尊素上疏：

廷無謀幄，邊無折衝，當國者昧安危之機，誤國者護恥敗之局。

意思是內政差、國防爛，統治者假裝沒看到，政府官員也跟著一起沒看到。如此直白且冒犯的政治評論，黃尊素不僅是撿到槍，更像撿到一管火箭砲，朝著政府那腐敗又脆弱的痛處攻擊。

這裡想要打倒的敵人，是以魏忠賢為首的宦官集團：閹黨。

由於東林黨人的身分，黃尊素合理地站在閹黨的對立面，剛剛發射的火箭砲，自然是想殲滅閹黨眾人。東林黨人總有一種知識分子的傲慢，先別論嘴砲能否治國、禦敵，甚至打擊對手，他們就是樂此不疲，期待以鋼鐵般的意志撞擊被政敵把持的國家機器，直到肉身毀滅的那一天爲止。

如同網路直播主被刷一排愛心，代表受到粉絲的支持與歡迎，魏忠賢見此疏大怒，打算給黃尊素刷一整排廷杖，要用身體的痛楚讓他記得千萬別找閹黨麻煩。不過黃尊素在朋友的情義相挺之下，這次上疏的代價是：罰款一年薪水。

然而，黃尊素沒有學乖，接二連三上疏斥責、延宕、阻止閹黨的各種政策，甚至爲不少自己同黨人士解圍，可以稱得上是東林黨中的妙麗，爲自己腦衝的正義夥伴們收拾善後。

後來，不知道哪裡開始謠傳：黃尊素打算效法前人，要以計謀刺殺魏忠賢。

這讓魏忠賢有了藉口，準備逮捕黃尊素，但官差竟在途中丟失逮捕令，無法完成使命。

按道理，面對沒有法治觀念的政府，應該跑得越遠越好，但黃尊素卻「囚服詣吏」，自動穿上囚衣，準備接受司法審判，不讓基層公務人員爲難。

這回，黃尊素不但把自己送往監獄，同時也送往地獄。

天啓六年（西元一六二六年）閏六月，朔日。

可能是獄卒的行動詭異至極，黃尊素知道他們準備殺害自己，於是叩首向國君、父親致謝，再賦詩一章，遂死。

崇禎元年（西元一六二八年），年約十八歲的黃宗羲入京爲父申冤。抵達時，閹黨領袖魏忠賢已自殺身亡。最該死的仇人雖然死了，黃宗羲仍沒有放過其他幫凶，上疏請誅那些年一起陷害父親的政府官員。

朝廷審訊時，黃宗羲與許顯純、崔應元二人對質——許、崔曾經趁黃尊素入獄時進行勒索。據《明史》記載：

勒贓二千八百，五日一追比。

這些政府官員手段十分惡劣，不僅趁火打劫，還定期索討金錢，如果對方不服從，甚至會用暴力手段逼迫。黃宗羲年輕氣盛，早看這些人不爽很久了，看準機會，從口袋裡掏出扁鑽，連續刺中許顯純好幾次，對方當場血流滿地。

我猜扁鑽大概就插在許顯純身上某個部位，因爲接下來，黃宗羲直接出拳痛毆崔應元，順便拔他幾根鬍鬚下來，準備拿回家祭拜自己父親。

一言不合就幹架，明代年輕人眞的很棒。

不久後，黃宗羲繼續追殺當時虐待父親的獄卒，並在另一次與嫌犯對質的場合裡，再次拿出扁鑽狂刺，直接在法庭裡進行第一屆明朝生死鬥。

課本裡的黃宗羲畫像所拿的應該不是筆，而是扁鑽。明思宗聽聞此事，感動地說：

「忠臣孤子，甚惻朕懷。」

拿起扁鑽的黃宗羲，真是一個好孩子。

用知識戰鬥

復仇結束，黃宗羲的生活應該會重回正軌，但在一個不正常的時代，無論多努力追逐目標，最後只是徒勞無功。當時科舉制度僵化固著，無法測驗出知識分子的思想與意志，於是黃宗羲決定從自己開始，改變一切，如同入魔般瘋狂閱讀大量書籍，想在歷史與文化之間找到解答：

「我的煩惱，一定也是古人的煩惱。」

家裡的藏書讀不夠，他繼續跑到世學樓、澹生堂和千頃堂等私人圖書館借閱與抄錄：

「整座城市都是我的圖書館。」

由此可知，抄寫自己喜歡的文字是一種浪漫，如同 Instagram 的手寫帳號一樣，筆觸傳遞情感與知識的溫度，從自己到旁人都能獲得暖意，但若是反覆書寫不喜歡的文字，就只會變成不知所謂的罰寫。

黃宗羲的浪漫，維持了很長一段時間，之後還在家鄉餘姚南雷蓋了一座名為「續鈔堂」的私人圖書館，目的不是炫耀自己擁有奇珍異本，而是爲後代建造龐大的資料庫。

在閱讀與抄寫的過程裡，黃宗羲產生知識分子的自覺，且偏重於知識分子必須承擔的「儒者之責」，這也讓他無法接受摻入雜質的儒家學說，或是以儒家經典做爲理解不同學術領域的方法。他就曾率領六十多位有同樣目標的學者，成功對抗「援儒入釋」的流行學說。

創造，是超越現狀；繼承，則是理解現狀。黃宗羲認爲，繼承比創造來得重要許多，他回溯歷史長河的最上游，尋求良知潰堤與惡意氾濫的起源。

黃宗羲覺得自己有義務阻止良知潰堤，並避免惡意氾濫，最後讓世界回歸正常運行的軌道。

然而，明末是一列失速的火車，正以驚人速度前往名爲「滅亡」的終點，不僅駕駛與乘客如同沉睡般無視一切，甚至還有理應控制各項危害因素的工作人員，關閉所有防護系統。

阮大鋮就是這樣一個破壞安全的工作人員。

年輕時的阮大鋮跟那位被認爲「忠毅」的左光斗算是好朋友，但後來卻爲了權力投入閹黨的懷抱，與當時被視爲邪惡的首領同行，間接害死左光斗等人，並以此沾沾自喜。

之後，閹黨失勢，阮大鋮不得不回老家提前享受長照生活。但當明末流寇逐漸逼近自己生活圈的時候，他又起了雄心壯志，招納不少遊俠戰士，準備大幹一場，

對黃宗羲等人來說，心中曾被閹黨傷害的陰影因此開始蔓延，於是他們寫了〈留都防亂公揭〉製造社會輿論，計畫以此傷害阮大鋮的誠信，避免邪惡勢力有再起的機會。

此時，黃宗羲不過二十五歲，怨恨是驅使他戰鬥的動力，但戰鬥對象卻不是簡單的人物。在閹黨覆滅後重新開始的阮大鋮，個性機敏猾賊、能屈能伸，在情勢對自己不利的狀況下，選擇暫時迴避這群年輕人的鋒芒，直到南明小朝廷建立，他再次掌握難得的權力，開始追殺當初參與〈留都防亂公揭〉的年輕人們。

首當其衝的是黃宗羲（在追殺名冊上排第三），他媽姚氏聽到訊息，發出重重的嘆息：

「章妻、滂母乃萃吾一身耶？」

有讀書的古人就是不一樣，連哀傷都要引經據典。西漢王章遭人構陷下獄而死，他老婆事前的提醒完全沒發揮作用；東漢范滂則是得罪權貴，不得不與母親訣別。爲心中正義而死的兩人，身邊皆有一位明察事理的女性。黃宗羲的母親在這裡提到王章妻子與范滂母親，當然是在難過：

「我老公死了，兒子也要死了。」

幸好，死神還不願意向黃宗羲揮下鐮刀，建都南京的南明小朝廷遭清兵攻破，原本的追殺名冊立即作廢。

死裡逃生，黃媽媽撿回一個兒子。

用智慧戰鬥

沒有人可以捉弄死神，黃宗羲是例外。

好不容易躲過一劫，但明朝的劫難還沒結束。黃宗羲召集家鄉數百位年輕人，組織一支民間軍隊，號稱「世忠營」，展開一系列游擊戰，協助苟延殘喘的政府抵禦清朝軍隊。

如果這是一本漫畫，故事未免轉變太快：前十回還是學生社會運動的喧鬧，突然進入硝煙四起的戰爭場面。

但是，以黃宗羲為主角的熱血戰爭漫畫很快就被編輯腰斬，最後的一頁可能還會寫著：

「相信黃宗羲的勇氣，一定可以拯救明朝！」

可惜西元一六八三年，延平郡王鄭克塽降清、寧靖王朱術桂自殺殉國，明朝最後的希望，用恥辱與死亡迎接大清盛世。

以戰爭為主的劇情草草結束，讀書寫作的人生一直穩定發展。清康熙二年（西元一六六三年），潛心著述的黃宗羲完成《明夷待訪錄》一書，首篇即是收錄於高中課本的〈原君〉。

〈原君〉是一篇總統選舉投票指南。如果明天就是總統大選，你的一票該投誰？重點不是你怎麼看待候選人，而是候選人怎麼看待這份職責。為了解釋，黃宗羲沒有高談人性的光明面，反而從最深沉的黑暗說起：

有生之初，人各自私。

爲什麼群體需要領袖？若以人本自私爲前提，沒有人會主動犧牲自己的時間、精神，甚至金錢來爲公衆發聲。

每次選班級幹部，導師詢問有誰願意承擔責任，講臺底下的學生總是面面相覷，最後選出一個不會拒絕的可憐老實人。

因爲學生知道班級幹部是爲了興公利、除公害而出現，個人根本無法得到半點實質的好處。

〈原君〉舉了三組上古時代的狀況，說明正常人面對承擔政治責任的做法：

第一是「斷然拒絕」，說不要就是不要，馬上拒絕，再不然手機關掉，躲到收不到訊號的深山裡。

第二是「設置停損點」，坦然面對責任，同時確認離開的時間，並協助找到接班人。

第三是「勉強接受到底」，這個就比較倒楣，本來就不想接屎缺，卻因爲人力短缺、人才不足、做人太善良等狀況，不得不繼續下去。

黃宗羲認爲：

「人就懶。」

這是人之常情，無論是古人或今人都想要逃避困難、選擇輕鬆的工作。根據這樣的說法，凡是眞正爲大衆服務的工作，大家都應該避之唯恐不及，怎麼可能有這麼多人想站在馬路口、搭乘宣傳車，還舉辦凱道大夜市，希望能得到選民手中的一票，肩負起這樣一個艱困的責任？

換言之，黃宗羲認爲，在一場選舉中，當每位候選人都想獲得勝利，那可能代表這份工作已不再單純是爲衆人服務，而是爲了服務自己。

如果將〈原君〉視作一份選舉投票指南，那麼裡面有兩句話或可當成參考：

我固爲子孫創業也。

此我產業之花息也。

若是發現有人將政治視爲產業，期待傳承後代；或是有人將政治視爲商品，期待賺錢發財，這是天下之大害，千萬不要把票投給他。

五十四歲的黃宗羲，未來民主的雛型在他的文字裡萌芽。

厭世國文老師的德行評語

復仇與復原之間，

存在一個念頭的距離。

肆

文藝青年

我不是廢，是在尋找自我

文藝青年群組（4）
王冕
我在自己家外面種了很多梅樹，大家粗乃玩！
龔自珍
那個…我家梅樹有三百株，但都生病了，
怎麼辦？在線等，急。
沈復
我沒有梅樹，
但女朋友有幫我準備梅花形狀的餐盒。
王冕
@沈復 好閃，快來個人給我墨鏡。
沈復
我看太陽不用墨鏡喔！（得意地笑）
厭世國文老師
為什麼你們家都這麼大，還可以種樹？
Aa

王冕

可以沒錢，但不能沒靈魂

——〈王冕的少年時代〉

別稱	字元章， 號煮石山農、梅花屋主
輔導紀錄	1.童年時，深夜在佛寺讀書，不怕長相猙獰恐怖的各種佛像土偶。 2.不喜歡辦公室的朝九晚五生活，寧願半耕半讀。 3.重義氣。朋友意外罹難，不遠千里帶著友人骸骨返鄉，並幫助其身後留下的幼女回家。 4.仿照《周官》體例寫成一本書，覺得自己很棒。 5.適合協助綠化班級環境。

虛假的故事

《儒林外史》主要諷刺兩種類型的讀書人：

一是只重利益、罔顧道德的年輕人；

二是無謀生能力與文化素養的年長者。

作者吳敬梓在第一回「說楔子敷陳大義，借名流隱括全文」中，藉由王冕塑造了一個「嶔崎磊落」的讀書人形象，正是要與後來年輕的讀書人做一對比。國中課文節選第一回的內容，改寫成〈王冕的少年時代〉。

課文特別提到王冕爲秦老放牛，趁閒暇之餘畫荷花的故事。由此來看，實在很難知道王冕究竟爲何「嶔崎磊落」？這就好像學生不好好上課，卻在那邊爲課文作者畫上各種造型一樣，哪裡有值得學習之處？更別提「嶔崎磊落」了！頂多算是多才多藝，或懂得利用瑣碎時間從事藝術創作。

事實上，「嶔崎磊落」是綜觀一生的道德評價，但課文裡出現的不過是年輕時的王冕，或許那些沒出現在課文裡的部分，才能看出吳敬梓如何塑造這樣一個人物典型。

《儒林外史》中，作者形容王冕是：

不求官爵，又不交納朋友，終日閉戶讀書。

除了樂於做個邊緣人之外，他最喜歡的休閒活動就是在花明柳媚的時節，仿照戰國時期屈原的服飾，穿戴起極高的帽子和極闊的衣服，駕著牛車，載自己的老母四處兜風。很明顯，王冕用盡力氣要讓自己成為社會的邊緣人，沒朋友就算了，還像個奇怪孤獨的無聊男子。

俗話說的好：「天無照甲子，人無照天理。」穿著如此怪異，萬一孩子學壞怎麼辦？這樣的行為舉止，我都不知道怎麼教小孩了（誤）。

只有隔壁秦老，雖然務農，卻是個有意思的人，因自小看著王冕長大，知道他如此與眾不同，所以時時和他來往互動。後來，王冕因畫成名，卻又不願意為政府官僚做事，於是拜辭母親和秦老，離開家鄉。

《儒林外史》這樣描寫送別的場景：

秦老手拿燈籠，站著看著他走，走的望不著了，方纔回去。

王冕的離開，竟讓秦老如此捨不得，在黑夜裡望向黑暗的深處，似乎也跟著對方走至最遠的地方。

小說裡，最重情重義的應該就是這位秦老了，從各種細節都可以看出他的體貼與關愛。但正如我們往往不在意誰最善良，只在意誰最優秀。王冕畫了幾枝荷花，不熱衷名利，大家都願意相信他「嶔崎磊落」；至於秦老默默的付出，哪值得討論與關注？配角，只不過是綠葉，始終不如紅花顯眼。

我始終認爲吳敬梓其實提到了兩位「嶔崎磊落」的人物：一在明，一在暗；明的是王冕，暗的是秦老。

在《儒林外史》第一回的結尾：

王冕隱居在會稽山中，並不自言姓名；後來得病去世，山鄰斂些錢財，葬於會稽山下。是年，秦老亦壽終於家。

王冕與秦老同一年死亡，這樣的安排應該不是巧合，而是作者以兩人的死亡，暗示「嶔崎磊落」的高尚人格也隨著消失，再也不見絲毫半點存在。

之後，吳敬梓用力描寫那些沒有信念、道德與社會關懷的年輕讀書人。墮落，往往比想像中來得要迅速，《儒林外史》後來出現的匡超人如是，牛浦郎亦如是。此外，《儒林外史》也嘲諷那些無知的年長讀書人，除了老，其實一無是處：范進如是，周進亦如是。

整個時代，向下沉淪到沒有光、沒有火的深淵裡。

奇怪的人物

端午節紀念屈原，可以划龍舟和吃粽子；王冕紀念屈原，則是學他穿衣服。

《儒林外史》如此描述王冕的日常裝扮：

> 但他性情不同：既不求官爵，又不交納朋友，終日閉戶讀書。又在楚辭圖上看見畫的屈原衣冠，他便自造一頂極高的帽子，一件極闊的衣服。

王冕生活低調，穿著卻很高調，就算鄉下小孩指著他嘲笑也不以爲意，將自己 cosplay

成屈原，這或許可用「堅持做自己」的共同情結做為解釋。

但有趣的是，王冕不僅會畫荷花，更會自己動手做衣服；比起文學，美術與家政可能才是他眞正的興趣：

「穿上它！我就是如屈原一般的翩翩美男子。」

雖然沒有帶動什麼流行風潮，卻也讓自己成爲衆人目光的焦點；即使他從來沒想過要如此顯眼。王冕只是想做自己喜歡的事，而不是做大衆喜歡的事，並不會盲目跟著無謂的流行，也不會過度在意陌生人的看法，唯有此時此刻才能擁有眞正的快樂。

吳敬梓塑造王冕人物形象的時候，應該是參考宋濂的〈王冕傳〉：

冕買白牛駕母車，自被古冠服隨車後，鄉里少兒競遮道訕笑，冕亦笑。

一樣是在說王冕穿戴古代衣冠被小孩嘲笑之事，但這裡是用「微笑」表達他的不以爲意，同時展現其仍保有赤子般的童心。當大家覺得自己奇怪的時候，王冕大概想：

「是啊！我就是這麼奇怪。」

用微笑面對嘲笑，以寬容原諒無知。大概可以想像王冕的神情是輕鬆、自在的，相較那些骯髒汙穢的大人世界，眼前的這一切實在太純淨了。或許也可以說，王冕是用赤子之心回應赤子之心，彼此都沒有錯，只不過是你和我站的位置不一樣。

大概是對於王冕的穿著印象深刻，宋濂在〈王冕傳〉文末還補充說明：

及入城，戴大帽如簁，穿曳地袍，翩翩行，兩袂軒翥。

宋濂在城南讀書求學時，聽說有個在大雪時赤腳登山的瘋狂男子，在風雪中呼喊：「我要當神仙啦！」這名男子進到城裡，大家發現他的帽子像竹篩一樣，長袍則拖行在地上，遠看就像電影《魔戒》裡面的巫師甘道夫，只不過頭上還多了一頂大帽子。

宋濂還自己吐槽：

予甚疑其人，訪識者問之，即冕也。冕眞怪民哉！

雖然不可思議，但眞有這麼奇怪的人存在；也許不受現實束縛，才能解放自己的靈魂。

「王冕眞是怪人。」

宋濂雖做出這樣的評語，但應該是另一種形式的稱讚吧！因爲「怪」，所以不一樣；因爲不一樣，所以令人難忘。

〈王冕傳〉裡提到王冕的服飾，只說「古」和「怪」；吳敬梓的《儒林外史》則補充說是模仿屈原的穿著，大概是〈離騷〉裡「製芰荷以爲衣兮，集芙蓉以爲裳」的聯想。畢竟小說設定是王冕畫荷，對荷情有獨鍾的王冕，大概也會喜歡穿著荷葉滾邊衣裳的屈原，再加上「高余冠之岌岌兮，長余佩之陸離」一句，即成爲特殊訂製款潮衣。

所以，端午節時除了吃粽子和划龍舟，打開衣櫃，找一件潮衣穿穿，或許可以是一種跨時空的紀念。

真實的生命

吳敬梓從歷史裡煉冶出一個理想完美的王冕，讓他獲得一次新的人生，成爲衆人心中的偶像，受到來自各方的崇拜，也是讀書人應當追隨的目標。

然而，《明史》裡的描述，讓王冕多了一點眞實的血肉：

幼貧，父使牧牛，竊入學舍，聽諸生誦書，暮乃返，亡其牛，父怒撻之，已而復然。

《儒林外史》的王冕爲秦老放牛，《明史》裡也放牛，但下場截然不同。眞實世界往往殘酷，像秦老如此善良的長輩或老闆並不常見，當王冕放著牛隻不管，偷跑到學校聽別人上課，還入迷到忘記自己本來的工作時，並沒有獲得渴求知識的讚美與獎勵，反而換來父親的責罰鞭打。但這始終沒有改變他對學習的熱忱，依舊維持勇於認錯、絕不改過的精神，繼續用這種方式讀書學習。

後來是母親出言維護：

「兒痴如此，曷不聽其所為。」

既然這麼愛讀書，那就去讀書，反正講也講不聽，這大概是王冕人生中聽到最美麗的一句話。對很多年輕人來說，父母師長最好的支持大概是不打擾、不妨礙，不自以為是地摧毀他們柔軟易碎的夢想。

《明史》說：

冕因去依僧寺，夜坐佛膝上，映長明燈讀書。

深夜裡，王冕坐在佛像的膝上，憑藉長明燈的燈火讀書，這幅畫面多麼寧靜安詳。與佛相伴，同時也與智慧相伴，王冕很快成為一位有學問的讀書人，並得到眾人的敬佩與尊重。

小說裡的王冕不喜作官，但歷史裡的王冕卻是屢試不第，才不得不放棄追逐政治權力的可能，從流浪考生轉職成為一位家庭教師。優秀的人才不會總被埋沒，後來雖然有人推薦他做官，但也許是政治狀況或內在心境的變化，王冕拒絕了這項提議。等到他回到家鄉的時候，預見天下將要大亂，於是帶著妻子兒女躲藏到深山之中，種了千株梅樹，還有桃花與杏花各五百株，再次從教育工作者轉換跑道為園藝造景達人，自號為「梅花屋主」。這裡的敘述也和《儒林外史》那位獨力學習畫荷花的王冕不一樣，他其實擅長畫梅花，但相同的是作品皆深受大衆歡迎，求畫者絡繹不絕。王冕靠販賣自己的畫作維生，按照畫卷的長短定價，決定應該收取多少白米。

宋濂爲王冕作傳時，補充他因賣畫而被人譏笑一事。賣畫有何可笑？大概又是「萬般皆下品，唯有讀書高」吧！當你做了不符合社會期待的舉動，就彷彿在與世界爲敵；你成爲違反規則的叛徒，旁人獲得矯正你的權力，也可以大肆批評與嘲笑。畢竟王冕連續考了幾次大考都沒有上榜，即使他很爽快地放棄無謂的堅持，也可能被時人視爲魯蛇吧！

對於這樣的嘲弄，王冕如此回答：

「吾藉是以養口體，豈好爲人家作畫師哉！」

工作只是爲了生活，你以爲我喜歡喔！

厭世國文老師的德行評語

道德，是生活的實踐，而不是知識的堆疊。

沈復

可以沒錢，但不能沒生活

——〈兒時記趣〉

別稱	字三白，號梅逸
輔導紀錄	1.有直視太陽而不瞎掉的特異功能。 2.半夜睡不著覺，把蚊聲想成雷。 3.御姊控，喜歡比自己年紀大的女孩子。 4.四處打工換宿，聽說最遠跑到琉球。 5.適合擔任學藝股長，協助班級布置美化教室。

惡童的玩耍

沈復的〈兒時記趣〉是一篇惡童日記，記錄自己成長過程中的一小段愚蠢經驗：

> 余憶童稚時，能張目對日，明察秋毫。見藐小微物，必細察其紋理，故時有物外之趣。

在這段文字裡，童稚不是充滿質感與美感的狀態，而是無知，所以具備豐富的好奇心與敏銳的觀察力，逐漸啓動認識世間萬物的開關。但這皆是粗淺理解世界的方式。

大多數的人，應該很難理解用煙噴蚊子和鞭打癩蛤蟆哪裡有趣，毫無理由地傷害另外一種生命，就只是爲了在無聊的日子裡取樂：

> 留蚊於素帳中，徐噴以煙，使之沖煙飛鳴，作青雲白鶴觀；果如鶴唳雲端，爲之怡然稱快。

沈復將蚊子關在房間的素帳裡，再用不知道哪裡來的煙慢慢噴進去，素帳內充滿白煙，黑蚊則是無處可逃，只得不停振動翅膀，就算發出再大的「嗡嗡」聲，也無能爲力。但他將此想像成白鶴飛翔雲端的畫面，甚至感到十分暢快。

國文講義或考試告訴學生，這是沈復發揮想像力後的文字敘述，卻完全無視於某些生命正遭到輕蔑看待的事實。這就像我在白天拿細沙潑灑在別人身上，告訴對方：

「不要生氣，一起想像北海岸的沙灘吧！」

畢竟只要有輕煙，就是白霧瀰漫；那麼只要有細沙，當然也可以是陽光沙灘。我倒也不是什麼「蚊本主義」的維護者，而是已經有蚊帳可免於叮咬，爲何還要刻意做一件可以選擇不這麼處理的事情？

除了蚊子，沈復也對癩蛤蟆下重手：

一日，見二蟲鬥草間，觀之，興正濃，忽有龐然大物，拔山倒樹而來，蓋一癩蝦蟆也。

後來，沈復回憶起這兩隻在草叢間相鬥的蟲子，認爲應該是在求偶與交配。還是孩童的他完全不懂，只專心與耐心地看著兩個生命的互動過程，但這樣的愉悅在瞬間被癩蛤蟆破壞殆盡，兩隻小蟲子成爲癩蛤蟆的點心，再來杯咖啡或果汁就是下午茶了。

年紀尚幼的沈復嚇呆了，自然界的弱肉強食以迅雷不及掩耳的速度發生。不知道過了多久，驚魂甫定的他抓起了癩蛤蟆，拿起樹枝鞭打數十下，再將牠驅趕到別的院子裡。與前面蚊子一事相似，國文講義或考試告訴學生這是正義感的展現，因爲癩蛤蟆吞食較小的蟲子，而沈復自行降下對犯錯者的懲罰。

但是，無論怎麼看，這都是一名惡童爲了報復而做的惡行，因爲明明是自己太專心，沒發現蓄勢待發的癩蛤蟆。他大概是既驚且氣地說：

「壞壞，打打！」

壞的不是吞食弱小的行爲，而是嚇到那個投入在所謂「物外之趣」中的自己。退一步說，即使國文講義或考試提到的正義感是對的，這樣的形式也只不過是個人的私刑正義，想抒發自己的憤怒；更何況，當我們面對惡行的時候，很容易也把自己變成惡人。

癩蛤蟆被鞭打數十下後，大概也奄奄一息；我根本懷疑沈復直接將癩蛤蟆丟進別家院子裡，「驅之別院」只不過是好聽的說法。

這篇課文究竟滿足了誰的童年？不是我的，肯定也不是現在學生的。還是認爲這樣的記敘，代表一種無知的快樂，用傷害生命來滿足自己的戲謔、欲望以及權力？

難道每個孩子的童年皆應該擁有這樣的記憶？面對任何生命受到虐待時，我們需要的是正義感，即使只是一種直覺也好，否則會迷失方向。

問題在於，正義感浮現之後，我們對懲罰惡人的判斷，考慮的是未來，還是現在？是要讓悲慘的事情不再發生，還是逞一時之痛快，然後逐漸遺忘？

誰又能成爲法官、制定法律，在腦中虛設的公堂之上決定生命的去留？

文青的品味

國中課文的〈兒時記趣〉是編輯者所加的標題，出處來自《浮生六記》中的〈閑情記趣〉。關於沈復童稚時的記憶，還有一段敘述：

> 貪此生涯，卵爲蚯蚓所哈，腫不能便，捉鴨開口哈之，婢嫗偶釋手，鴨顛其頸作

吞噬狀，驚而大哭，傳為語柄。

大概是彼時的孩童會穿著開襠褲、蹲在地上亂看亂玩，沈復的生殖器不知怎麼回事，竟開始腫大，連尿尿都有問題。當時的人認為是被蚯蚓哈氣，治療方式是要「以哈制哈」，用鴨子口中吐出的氣解決生殖器腫脹的問題，而這無疑是流傳於民間的一種「嘴砲治療法」。沈復還小，看到鴨子的嘴巴一張一闔地朝自己下體襲來，驚嚇指數當然破表，更別提捉住鴨子的婦人還會故意鬆手，讓鴨子嘴巴與沈復生殖器之間的距離趨近於零。

這種做法連我都會怕，何況是一位稚齡兒童。

捉弄小孩，讓他們哭泣，對某些大人來說是一種娛樂，就像沈復以其他生命的痛苦為樂一樣，完全不值得效法。

至此，先前的惡童遭受報應，被施予有點黑色幽默的懲罰。沈復回憶起這段往事，認為是幼時的閒情，也就是不懂事的小孩，試著在無聊的生活裡打發空閒時間，找尋那一點點的快樂。

等到長大，沈復打發空閒時間的方式不一樣了。他在〈閑情記趣〉中提到：

「愛花成癖，喜剪盆樹。識張蘭坡，始精剪枝養節之法，繼悟接花疊石之法。」

以前玩蚊蟲、癩蛤蟆，現在可是開始插花草、疊石頭，還結識同樣風雅的朋友，學習裁剪枝枒的技巧，並成爲日常生活的重要興趣，投入不少時間與精神研究。例如插花的枝數宜單不宜雙、插花的瓶口取闊不取窄，如此才能盡展花朵姿態的曼妙。

對沈復而言，培養興趣不僅需要時間、知識，以及研究精神，更需要透過觀察與實作，才能充分掌握此項興趣的內在意義。追求的不是有沒有用，而是有沒有趣味。

除了蒔花弄草，沈復還會製作模型。他曾撿拾巒紋可觀之石，再加上一些材料，在長方形的盆子裡布置出縮小版的庭院造景，並開始想像自己待在裡面，彷彿登上一座蓬萊仙島，可以居、可以釣、可以眺，讓心神暢遊其中，再次發揮兒時「私擬作群鶴舞空」的想像力，差別在於這裡沒有任何生命受到傷害。

之後，沈復借住在友人名爲「蕭爽樓」的屋宅內，依舊過著有品味、有質感的生活。雖然經濟狀況不佳，但仍住得乾淨、吃得精緻、喝得風雅，以及向朋友們學習不一樣的藝術創作：品詩、論畫、寫草篆、鐫圖章等，根本是一間小型個人藝文工作室。

爲了維持居家與人際往來品質，沈復制定蕭爽樓的生活公約，禁止以下四件事：

談官宦陞遷、公廨時事、八股時文、看牌擲色，有犯必罰酒五斤。

在這裡，不能談政治、八卦、考試，以及賭博，如果有人違反，則需要罰酒。沈復鼓勵來往的朋友盡情地享受彼此相處的時光，希望大家能「慷慨豪爽、風流蘊藉、落拓不羈、澄靜緘默」，不要受到世俗太多的限制與約束，也不要忘記自己獨特的眞實個性。

如果你要得到快樂，可以沒有錢，但不能沒有生活；可以沒有工作，但不能沒有興趣。

情人的浪漫

沈復小時候是虐待動物的高手，長大卻成爲一個連鬼月也能撩老婆的高手。

在《浮生六記・閨房記樂》裡，沈復提到自己的妻子姓陳名芸，字淑珍，生而穎慧，剛學會說話就能背誦〈琵琶行〉。沈復與陳芸同歲，但陳芸年紀長沈復十個月，自幼兩人便以姊弟相稱。在沈復眼中，陳芸不是一個時常請吃飯的漂亮姊姊，而是一個時常寫詩句的漂亮姊姊。

十三歲的沈復告訴母親：

「若爲兒擇婦，非淑姊不娶。」

不愧是正值中二的少男，竟然有勇氣對母親說出這種令人臉紅的發言，而他的母親也喜愛陳芸溫柔和順的個性，於是脫下自己的金戒指送給陳芸做為信物，從此成為親家。

兩人結婚後的某次七夕，沈復與陳芸同拜天孫（即織女星），接著沈復浪漫地拿出準備已久的禮物，那是兩方印章，上面鐫有：

願生生世世為夫婦。

沈復執朱文，陳芸執白文（「朱文」為陽刻，「白文」則是陰刻），供彼此往來書信專用，也就是某種專屬於自己與對方的文字貼圖；而這兩方圖章，同時暗示彼此心心相印。無論是否已婚，男性朋友們或許可以學學沈復的撩老婆技巧，情人節與其送什麼昂貴的名牌包或珠寶首飾，不如嘗試當一個眞正浪漫的古典情人，老派而溫柔。

七夕過完不久，即是鬼節。沈復和陳芸二人在這個隨時有鬼祟出沒的日子，依舊準備了一些簡單的餐點和酒水，計畫在月光下暢飲談天，彼此以聯句遣悶。可能冥冥之中有一股東方神祕的力量，看不慣兩人在那邊放閃：之前七夕秀恩愛也就算了，畢竟那是屬於情人的節日；現在連死人的節日都要湊一腳？

忽然，陰雲密布，黯淡無光。陳芸不開心了：

「妾能與君白頭偕老，月輪當出。」

認爲兩人若能白頭偕老，月亮自然會從雲層中出現。那萬一月亮一直沒有露面，祝福豈不是變成詛咒？尤其是選在七月半這一天，說這話也太沒神經和心眼了。但可能古人眞的百無禁忌，鬼節也只是普通的節日。

後來，眞讓兩人等到風掃雲開、明月高掛的畫面，於是開心地倚窗對酌。但恐怖離奇的事情發生了：他們聽到橋下鬩然一聲，似乎有人落水。

但兩人近窗細看，水面平滑如鏡，像是什麼事也沒發生過的樣子，那麼剛剛那個聲音又是怎麼一回事？此時漏已三滴，大概是午夜十二點。

陳芸說：

「噫！此聲也，胡爲乎來哉？」

她不知道這落水聲是怎麼出現的，頓覺毛骨悚然。沈復想起這河畔平常就有溺死鬼的傳聞，鬼節出現一個溺死鬼頗合乎情理，但身爲愛妻好男人的沈復擔心妻子害怕，硬生生地將所思所想強壓下去，連忙收拾返家。

一到房間，陳芸已經開始發燒；不久後，沈復也跟著一起生病，兩人困頓二十多天才恢復健康。

沈復後來回憶：

樂極災生，亦是白頭不終之兆。

或許，七月半的這一天，所有不祥的徵兆，皆是暗示病亡不終正等著自己。嘉慶癸亥年（西元一八〇三年）三月三十日，久病臥床的陳芸牽起沈復的手，想說點什麼，卻連完整的句子也說不完，僅斷斷續續說著「來世」二字，大概是想來世再做夫妻吧！忽然，陳芸發喘口噤、兩目瞪視，流下兩行清淚，等到喘漸微、淚漸乾，一縷芳魂已離開人間。沈復回憶那悲傷的瞬間：

當是時，孤燈一盞，舉目無親，兩手空拳，寸心欲碎。綿綿此恨，曷其有極！

生離死別總是令人難過，因爲我們相信對方將從自己的生命裡消失；天涯海角或許還有相遇的機會，但死別卻是陰陽兩隔，沈復痛苦的不只是失去摯愛，還有一部分的自己：

「沒有妳，我的生命不再完整。」

沈復心裡大概會這樣說，但在〈坎坷記遊〉裡卻奉勸世間夫婦：

固不可彼此相仇，亦不可過於情篤。

別成爲仇人冤家，也不要愛得太深；太恩愛的夫妻注定沒有好結局，就像自己的婚姻一樣：

「看我這麼痛，你們還敢愛嗎？」

厭世國文老師的德行評語

你可以感覺我有多快樂，卻無法知道我有多難過。

龔自珍

可以沒錢，但不能沒自由

——〈病梅館記〉

別稱	字璱人，號定盦
輔導紀錄	1.喜歡寫詩，但也常說要戒詩，大概認為這是壞習慣，不過最終宣告失敗。 2.討厭別人抽菸，加入禁菸行列。 3.覺得國家考試的字寫端正沒什麼了不起，家裡每個女孩子都有這樣的能力。 4.不太尊重長輩，尤其是沒學問的那種。 5.適合加入學生自治組織，為學校學生權益發聲。 

知識生病了

中文系的學生大概最討厭文字、聲韻，以及訓詁學，每次只要上這類課程，我都會想拿原子筆戳自己的大腿，希望流出來是綠色的血，這樣才可以做一個外星人，理解什麼「轉注假借」和「幫滂並明」等有字天書。

龔自珍大概是流著綠血的外星人，十二歲就接受外祖父段玉裁的基本學術訓練、講解《說文解字》的部首，讓他通曉文字學的基本知識，以期未來深入研究聲韻與訓詁等學問。也就是說，那本段玉裁的《說文解字注》——因過於厚重而被視爲中文系兩大凶器之一的古籍（另一本是瀧川龜太郎的《史記會注考證》），龔自珍大概已見過其雛形了，並且當成國文課本來讀。

這位曾以《說文解字注》讓天下中文系學子不得安眠的段玉裁，對於自己的外孫可是愛護有加，不僅賜字爲「愛吾」，更特地寫了一篇〈外孫龔自珍字說〉解釋其名與字的關係，盼望這位聰穎乖巧的外孫能理解眞正的自愛與愛人。

龔自珍十九歲時，娶了外祖父的孫女爲妻；這樣有沒有算自愛與愛人不知道，但至少愛的是自己人，喜酒筵席應該會少掉一半賓客，畢竟兩個家族的成員重疊太多。如果想趁此機會賺紅包錢，這不是一個太聰明的選擇。

無論如何，龔家與段家親上加親，段玉裁對龔自珍的喜愛更是有增無減，不僅傳承深厚的國學知識，還爲其詞集作序，大力讚賞自己外孫的詞作是：

銀碗盛雪，明月藏鷺，中有異境。

但他也勸誡龔自珍不要太認眞，創作的詞越好，離眞正的道理越遠，有害未來專研經史；或許有點像是家中長輩叮嚀孩子別沉迷手機遊戲，遊戲裡角色的等級越高，代表學校的考試成績越差。當然，在多元發展的現代社會裡，尊重彼此差異是一件重要的事，但在段玉裁生活的時代，讀聖賢書才是正經事。

擔心龔自珍搞不清楚狀況，段玉裁還借用古人的話叮嚀：

「勿讀無益之書，勿作無用之文。」

這個時候的龔自珍，大概出現了當時認定的偏差行爲，常看一些沒營養的書，寫一些沒路用的廢文，這讓段玉裁對外孫提出非常直白的要求：

「努力爲名儒、爲名臣，勿願爲名士，何謂有用之書，經史是也。」

期待龔自珍閱讀經典、歷史等重要的書籍，專研古人流傳至今的智慧，並以此進入政治與學術的核心，而不是像魏晉時期的那一群嗑藥瘋子，做出常人無法理解的奇異行爲。

但年輕的龔自珍似乎不怎麼把外祖父的期待放在心上；又或者說，他更相信自己的所見所聞。面對清王朝虛假的盛世景象，實在令人難以忍耐：腐敗的政治與社會像是一塊結痂的傷口，有些人總喜歡故意撥弄掀動，似乎非要讓裡面的腥臭攤在陽光底下，才會爽快。

越想遮掩醜惡，龔自珍偏偏越要讓人知道醜惡的所在。他認爲清朝已經是「衰世」，只不過讓人有著「治世」的幻覺。從政府官員到平民百姓，每一個人都無法分清楚安全、富裕、自由的面貌，他們所崇拜與重視的不過是一層輕薄的華麗空殼，在這層空殼裡，只能依稀看見希望的胎動。

龔自珍想打破空殼，讓希望重見天日。

人才生病了

龔自珍的〈病梅館記〉是一聲渴望掙脫束縛的呼喊。

當時江寧、蘇州及杭州皆產梅樹。一般人賞梅大概就是在花前擺幾個奇怪的姿勢，拍照上傳社群媒體打卡，代表有來過這裡就好，至於梅花長什麼樣子，並不是太重要，甚至自己的臉和身體還會占據畫面三分之二以上。過個幾年，看到照片還會想不起這裡到底是何處。

不過，清朝的文藝青年卻認爲：

梅以曲爲美，直則無姿；以欹爲美，正則無景；梅以疏爲美，密則無態。

美麗的梅樹必須具備彎曲、傾斜、稀疏三項條件，太直、太正、太密，都不符合文藝青年的審美標準。一旦建立某種標準，即會成爲一道無形的門檻，將未能達到標準的事物排除在外，唯有跨過門檻，才算是合格者。

然而，那些文藝青年既不願意坦白承認審美標準的門檻，又無法強迫大眾必須符合這樣的期待，更別提一般人根本無法意識到門檻的存在，他們只好用間接的方式傳達，製造出一批又一批完美的同款商品。

因爲喜歡彎曲、傾斜、稀疏的梅樹，於是販售業者開始：

斫其正，養其旁條，刪其密，夭其稚枝，鋤其直，遏其生氣。

藉由破壞、傷害、摧殘，讓梅樹朝自己期待的方向生長。原本各具姿態的豐富多元，卻變成單調無趣的模組，就像整形美女一樣，雖非同年同月同日生，卻是同眼同鼻同醫生。沒有不自然，只是變成大衆喜歡的模樣。

龔自珍鄙夷這種審美標準，甚至更憎惡假裝審美標準不存在的虛僞人們，認爲這些被改造後的梅樹生病了，而禍害始自那些「文藝青年」。

不知道這是否讓龔自珍想起自己的遭遇，畢竟他最討厭生活中的教條規矩，以及政府選拔人才的考試制度。他在〈乙丙之際著議第九〉一文提到：

左無才相，右無才史，閫無才將，庠序無才士，隴無才民，廛無才工，衢無才商，抑巷無才偷，市無才駔，藪澤無才盜，則非但鮮君子也，抑小人甚鮮。

這是一個充斥著無能者的世界，不僅政府、軍隊、學校，以及商界沒有人才，就連小偷和流氓都不優秀。龔自珍大概是想說：

「在座各位都是垃圾。」

於是，他看見市場充斥病梅的時候，彷彿見到那些稱不上人才的垃圾，一邊生氣，卻也一邊心疼：到底得多扭曲自己？還要多爲難自己？眞的必須迎合錯誤的理解與期待，方能成爲被社會接納的一分子嗎？

「我醒了，你們怎麼還在睡？」

當龔自珍購買三百盆病梅時，應該是這樣喃喃自語，然後說著說著就哭了；哭的是梅、是社會，也是自己。

〈病梅館記〉記載：

乃誓療之、縱之、順之，毀其盆，悉埋於地，解其棕縛；以五年爲期，必復之全之。

龔自珍發誓要治療、解放，以及順從這些梅樹的本性，打破束縛與限制，用五年的時間復原一切，甚至還打造一座「病梅館」，讓這裡成為可以呼吸自由的空間。

然而，在輿論的公路上逆向行駛總是危險的，龔自珍知道自己的想法與做法不合時宜，但仍堅持畫出界線：

「我不是文藝青年，要罵就罵吧！」

自己生病了

除了治療病梅，龔自珍也想治療自己受傷的心。但個性浪漫到狂妄的他，若想參與政治，必然會碰到極大的阻礙；即使滿懷改革的理念與策略，也無法落實在眞正的現實裡。東方社會往往追求和諧，爲了維持群體的穩定，無法允許出現破壞彼此平衡的意見，甚至會壓迫這樣的異音。

龔自珍發出太多異音，不斷向眾人宣傳「衰世」的降臨，眾人也不斷抗拒這樣的警告；而社會能夠施予個人最嚴厲的處罰，就是將其排擠於群體之外，以某種「默契」剝奪對方參與討論的權力。

邊緣人是你。

然而，龔自珍無視一切，依舊充滿日本熱血漫畫裡中二主角般的能量：

「有話直說，是我的人生之道。」

根據張祖廉《定盦先生年譜外紀》的記載，只要龔自珍心情一爽，就喜歡敲打自己的手腕。這跟我以前教的國中生一樣，要是老師上課說了什麼有趣的事，底下就會出現各種拍打身體或桌椅的噪音，以肢體動作來肯定自己聽到的內容。

龔自珍的心智年齡彷彿國中二年級，但腦袋卻是聰明絕頂，談論起天下大事，則有不可一世的氣勢，對自己充滿無比信心。如果有人提出一些難題詢問，他也會不厭其煩地解釋，開始長篇大論的即席演講，直到對方露出想睡覺的求救眼神，才會吃驚地中斷話題。

沒打算好好閱讀空氣，也不在意旁人觀感的態度，讓龔自珍獲得一個稱號「龔呆子」。這裡的「呆子」，應該是指龔自珍那不合時宜的叛逆，以及過度瘋狂的浪漫，他在〈漫感〉一詩有云：

一簫一劍平生意，負盡狂名十五年。

每次看到這自稱「負盡狂名」的詩句，我先想到的是大概一九九三年的霹靂布袋戲《亂世狂刀》。裡面的白髮主角亂世狂刀，手執一把獅頭寶刀（這還是從美劇《金剛戰士》處直接借來的，後來已改爲自創武器），口中時常朗誦的出場詩，即是〈漫感〉末二句。龔自珍的詩句搭配亂世狂刀壓抑的滿腹冤屈，讓年輕時候的我熱血沸騰，常想在詩句後面學亂世狂刀吶喊女主角的名字：

「慕容嬋啊！」

然而，龔自珍應該不會吶喊某個人名，而是想吶喊仕途不順的心情：

「不公平啊！」

清朝以八股文選拔人才，有既定的固定格式，從題目、字數、寫作方式，到字體都有嚴格規則。龔自珍曾因無法達到「館閣體」書法標準而名落孫山，這對驕傲的他來說，自然是一大打擊，所以只要聽到「字跡端正」就會觸動敏感神經，甚至說：

回憶幼時晴窗弄墨一種光景，何不乞之塾師，早早學此？一生無困扼下僚之嘆矣！

表面上是後悔以前沒好好學著把字寫端正，但他心中想的應該是：

「字寫好，腦袋也會好嗎？」

所以〈己亥雜詩．其二百二十〉如此說：

九州生氣恃風雷，萬馬齊喑究可哀。我勸天公重抖擻，不拘一格降人才。

當時的清廷如同心臟驟停的患者，需要自動體外心臟電擊去顫器，讓無力的心臟恢復跳動。龔自珍哀傷：如此慘狀，爲何見者不救？只好轉爲向上天祈禱，將未來託付給不可知的力量，希望能破壞僵化的制度，讓人才得以脫穎而出。

然而，道光二十一年（西元一八四一年）七月，龔自珍猝死，再也看不到神州大地恢復心跳的那一天；事實上，也不會有這一天。

隔年，大清簽下了第一個對歐美國家的戰敗條約，敲響了帝國滅亡的第一聲喪鐘。

厭世國文老師的德行評語

說我狂，太沉重。

伍

國民女神

心動了嗎？你的專屬女友在這裡

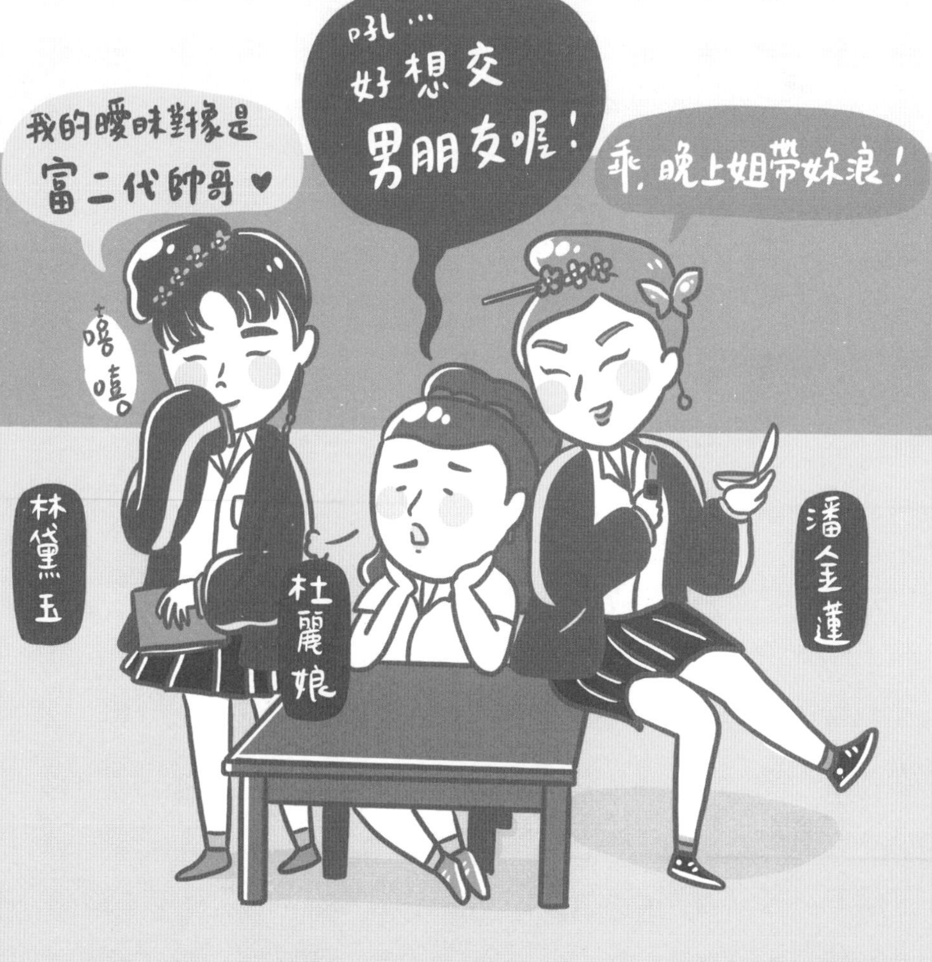

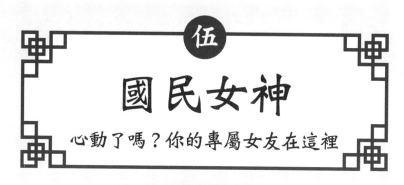

國民女神群組（4）
潘金蓮
裙子短一點，這樣才可以炫耀我的美麗小腳。
杜麗娘
我只要照鏡子，就會被自己美到，
裙子不重要啦！
林黛玉
那我也要改短一點。
上次去葬花，裙子太長被泥土弄髒了。
杜麗娘
@林黛玉 妳身體不好，小心別著涼喔！
林黛玉
妳是不是怕我比妳好看，才這樣關心我？
厭世國文老師
《校園服裝儀容規定》.pdf
（已傳送）
Aa

杜麗娘

幽靈系鄰家女孩

——《牡丹亭·遊園》

別稱	無
輔導紀錄	1.在家很想談戀愛。 2.上課很想談戀愛。 3.下課很想談戀愛。 4.出門很想談戀愛。 5.適合擔任學校形象大使，目標是讓自己的照片成為招生海報。

翹課，戀愛去

在《牡丹亭》裡，杜麗娘第一次出場是在〈訓女〉，先藉由父親杜寶的一大串自我介紹，讓大家知道人物的設定與關係：原來杜家是唐朝杜甫的後代，自己有一位獨生女，名喚麗娘。

根據杜寶的形容來看，杜麗娘除了美麗的容貌，還頗爲用功學習，期待她未來能嫁給知識分子、做個好老婆，不然沒有共同的興趣做爲基礎，會讓生活變得枯燥乏味。

正如兒女會在父母面前裝乖一樣，杜麗娘也不例外，總是一副好孩子的模樣。於是杜寶趁女兒不在身旁，詢問她的貼身丫鬟春香：

「俺問妳小姐終日繡房，有何生活？」

結果豬隊友春香回答：

「她都在睡覺喔！」

這讓杜寶非常不高興，本來對這個女兒充滿期待，認爲她聰明漂亮、認眞乖巧，一定默默在看不見的地方努力，沒想到卻是努力睡覺，這樣子怎麼能成爲人見人愛的好女孩呢？

於是，他把杜麗娘叫出來教訓一頓：

「妳白日眠睡，是何道理？」

認爲若有空閒時間，除了刺繡之外，應該多讀點書，白天睡覺是浪費生命的行爲。看來杜麗娘與現在的年輕人差不多，讀書做事就覺得身體疲憊，聊天玩樂卻是充滿活力。

杜寶先是責怪老婆沒把女兒教好，完全忽略此事的自己也有責任。爲了讓杜麗娘好好讀書，他們決定請一位家庭教師督促她學習，將陪伴孩子的工作，外包給不認識的陌生人。錢可以給予孩子物質的快樂，卻無法提供心靈的滿足。

結果，杜麗娘依舊不想上課，惹得家庭教師很生氣，覺得女學生實在嬌生慣養，跟早自習看見學生遲到的導師一樣，開始一連串碎念：

「凡爲女子，雞初鳴，咸盥、漱、櫛、笄，問安於父母。日出之後，各供其事。

如今女學生以讀書爲事，須要早起。」

這種觀念延續到中華民國現在的教育體制，早自習七點半開始，加上通勤時間，學生約要在五、六點起床，才能準時抵達教室。對於認眞（愛玩）的學生來說，睡眠永遠不夠，欠缺的體力不得不用課堂時間補充，就像線上遊戲的角色以暫停動作的方式來回復HP。

杜麗娘倒是不敢頂撞，但春香卻說：

「今夜不睡，三更時分，請先生上書。」

表達不滿有兩種，一種是直接衝突，造成對方的困擾；另一種是過度退讓，提醒對方的無理，春香使用的是第二種。「三更」是晚上十一點到隔天凌晨一點，這種時間是能上什麼課程？又不是遠距教學，可以橫跨不同的經緯度學習。

後來，杜麗娘在上課，春香在旁邊吵鬧，跟我不想上國文課的學生一模一樣，不僅發出怪聲，還會以上廁所的名義翹課，更在背後偷罵老師：

「村老牛，痴老狗，一些趣也不知。」

從事教育工作，時常被貼上保守、封閉，以及不上進的標籤。老師被賦予社會大衆的共同期待，課本、校規，以及職責，都是約束的枷鎖，同時也是保護學生的工具，確保每一位學生在不同的老師指導下，可以得到接近或相等的知識與素養。

杜麗娘、春香不理解，中華民國的學生、家長也不理解。

學校變得像是裝飾著鮮花與緞帶的監獄，囚禁著六年、三年刑期不等的犯人，而他們都不知道自己犯了什麼錯。

學校裡的人總是想逃跑。正如春香以「溺尿」爲藉口離開教室，學生也常在上課上到一半的時候舉手說要上廁所，盡可能減少待在封閉空間裡的機會；尤其是老師講解課文的時候，時間還彷彿靜止似的。

然而，春香此次的翹課，讓她發現家裡原來有座大花園，進而開啓杜麗娘後續的遊園與驚夢。

由此可知：翹課，才有機會談戀愛（誤）。

遊園，真難過

《牡丹亭》是愛情，也是欲望。

杜麗娘生活在壓抑的年代與階級中，連去自家花園都要在心中上演一齣小劇場。所謂的壓抑來自於規矩和家教，從說話到言行，皆要符合社會與家族的期待，任何自己的意見和想法，都不應該攤在陽光底下。

踏出房門對一般人來說，只是芝麻小事，對杜麗娘來說卻是慎重的大事：

雲髻罷梳還對鏡，羅衣欲換更添香。

她可是非常認眞地化妝和穿衣，不僅在鏡前細看頭髮有沒有梳整齊，還噴了一些香水。再次強調，杜麗娘只是去家裡花園而已，卻仍然精心打扮；大概就像你去巷口倒垃圾，還畫眼線、塗口紅，然後穿著蕾絲雪紡洋裝一樣。

杜麗娘之所以興起遊園的念頭，是春香在旁邊慫恿，準備趁著家裡沒大人的時候，趕緊走出房門透透氣。她們的對話是這樣的：

「小姐讀書困悶，怎生消遣則箇？」
「春香，妳教我怎生消遣那？」
「小姐，也沒箇甚法兒，後花園走走罷。」

讀書太無聊，但也沒有辦法做些更有趣的娛樂，唯一選擇是去家裡的花園散步。哪像現在的學生，只要有網路就可以生存了，能夠上網、聊天、聽音樂，還有玩線上遊戲；即使待在一個小空間裡，依舊可以擁有與他人互動的機會，但也可能無法從表情、動作，甚至是說話的語調，推測對方的感覺與想法。

以前的寂寞，是一個人的眞實孤單；現在的寂寞，是一群人的虛擬狂歡。

杜麗娘的許多眞實想法，都是從春香口中說出，包括《西廂記》的紅娘在內，這些丫鬟都可以視爲小姐內心想法的代言人，因爲小姐自己不可以講，就讓丫鬟來講，挑起壓抑在心底的那些想法。

〈遊園〉，是一齣少女懷春。嚮往異性的身體接觸與情感交流是人的本性。據此，裡面出現的「春」其實是雙關，甚至三關：春天、春情，以及杜麗娘的青春。

在化妝打扮的過程裡，杜麗娘覺得自己美到連鏡子都在偷看：

沒揣菱花，偷人半面。

當然這也是另外一種寂寞的表示：

「我這麼美，要向誰炫耀？」

按道理，這樣的容貌要被同性嫉妒、異性愛慕，但身邊除了丫鬟之外，根本沒人會發現這一件事情。

如果杜麗娘活在現代，大概就連去個洗手間，都會手癢拍個三、四十張自拍上傳臉書與Instagram，或是在手機相簿裡儲存超過一百張表情相同，而且看不出背景在哪裡拍攝的照片。

事實上，杜麗娘的確爲了留下青春的影像，畫了一幅自畫像，還有些傲嬌地說：

「若不趁此時自行描畫，流在人間，一旦無常，誰知西蜀杜麗娘有如此之美貌乎！」

由於不夠時間好好被愛，只好在紙上留下美麗的瞬間，期待有人看到這幅自畫像後，能如同現在購買偶像海報的粉絲一樣，對自己產生仰慕與愛戀。

所以，當杜麗娘走到庭院，想必覺得美好的青春正如同春天的花園，召喚著旁人的目光；只是她心中那深深的春情，又有何處可以安放？

渴望愛的杜麗娘，看著眼前景況，緩緩說出那無人知曉的哀傷：

良辰美景奈何天，便賞心樂事誰家院。

美麗的景色無法熱鬧心靈的寂寞，也不確定快樂會在哪裡出現，唯一肯定的是，自己距離幸福還很遙遠。

女鬼，我愛妳

整天想交男朋友的杜麗娘，就像坐在教室裡的某些女學生，瀏海夾著莫名的粉紅色髮捲，一邊照小鏡子一邊做白日夢，好不容易回過神，卻開始抱怨：

「我這麼正，為什麼要聽老師講廢話？」

期待在百無聊賴的校園生活裡，建立與他人的情感關係，也害怕自己成為汪洋之中的孤島，沒有人願意登陸、探索，以及居住。

沒上過體育課的杜麗娘，才到花園走沒幾步，就累趴在小桌子上睡著了，夢裡遇見一位年輕帥哥拿著柳枝搭訕自己：

「小姐小姐，有沒有空幫我這根（柳枝）寫一首詩？」

以前想要認識補習班隔壁座位的女生，偶爾會把橡皮擦丟在地上，故意請對方幫忙撿起，然後可以藉機用「不好意思」與「謝謝」開啓話題，但世間竟然會出現「柳枝作詩」這種操作。

最厲害的還不是這樣，而是年輕帥哥馬上告白：

「小姐，咱愛殺妳哩！」

接著抱起杜麗娘到旁邊的牡丹亭做了一些令人害羞的事情。

夢，是反映現實的焦慮。醒來後的杜麗娘持續被這樣的情緒糾纏，她循著夢境的線索，再次踏上牡丹亭。可惜沒發現夢中情人，只看見一株大梅樹。她難過地說：

似這般花花草草由人戀，生生死死隨人願，便酸酸楚楚無人怨。

她越想越傷心，最後陷入難以遁逃的愛情漩渦裡而死，屍體埋葬在梅樹下，杜寶也因爲升官而離開宅院，原本的後花園成爲了一座「梅花庵觀」。

雖然，我很想說這莫名其妙到了極點，到底誰會愛上沒見過面的異性？但後來我看見網路上正妹照片底下的留言：

「戀愛了。」

「可惡，想娶。」

「我婆好正。」

才發現《牡丹亭》作者湯顯祖對於複雜人性的理解，超前他身處的時代好幾百年。

到這裡，幾個關鍵字：柳枝、春夢，還有梅樹，皆在暗示年輕帥哥的姓名「柳夢梅」，而他也曾夢到花園裡一株梅樹之下，站著一位美女對自己說話。

反覆出現的巧合，還有相似的夢境，暗示兩人的愛情是命中注定。

所以，當柳夢梅與化爲幽靈少女的杜麗娘初次見面，他完全沒有任何疑心地接受對方必須在雞鳴前離開的詭異要求（美貌可能更是主要原因），甚至知道眼前女子乃是鬼魅後，也不過說了一句：

「怕怕！」

隨即回復鎭定，決定幫助杜麗娘死而復生，準備工具要去挖開埋有她屍體的墓穴，進行眞正的「撿屍」。

對杜麗娘而言，所有欲望，皆在夢裡和死後才完成。在夢境中與拿著柳枝的男子歡好，之後化爲鬼魂與情人相聚，卻又在復生的時候說了一句：

「鬼可虛情，人須實禮。」

活著，仍然要戴著禮教的面具，再次壓抑自己的欲望。

與其說《牡丹亭》是愛情故事，不如說是關於欲望的寓言。當湯顯祖認為：

情不知所起，一往而深，生者可以死，死者可以生。

或許他真正想說的是：

「生與死，除了無法阻擋愛情的堅定不移，還有欲望的來勢洶洶。」

厭世國文老師的德行評語

死了都要愛。

潘金蓮

腹黑系美豔輕熟女

——《金瓶梅》

別稱	小名潘六姐
輔導紀錄	1.擅長樂器，尤其是琵琶。 2.無論男生女生，都覺得她很漂亮。 3.養了一隻帶有黑紋的白貓。 4.會包餃子。 5.適合擔任社團公關，但得罪她，可能會在你的水杯裡加粉筆灰。

不可以，扣錯鈕釦注意！

穿襯衫的時候，第一顆釦子要是扣錯了，之後的每一顆釦子都不會在正確的位置上。《金瓶梅》中的潘金蓮也是如此，從一開始就注定了人生的錯亂。

潘金蓮的命運從來身不由己，原本生在一戶姓潘、以裁縫爲業的人家，排行老六，但因爲纏著一雙美麗的小腳，好看的腳加上好看的人，如果叫她潘六姐，不免有些俗氣，於是改喚做「金蓮」。

剛滿十八歲不久，潘金蓮成爲有錢老男人身邊的玩物，然而因爲太美、太受歡迎，在遭人嫉妒的情況下，被轉送給賣炊餅的武植爲妻。

武植排行老大，跟潘金蓮剛好相反，大家反而喜歡用排行來稱呼他：武大。

武大實在太醜又太笨，身材還異常矮小；個性講好聽是老實，講難聽就是懦弱。但奇怪的是，他的弟弟武松卻是個肌肉猛男，有著發達的胸肌、背肌、三頭肌，還有二頭肌，可以空手打死一隻老虎；換做現在，應該會違反《野生動物保育法》，卻也有機會成爲知名健身教練。

武大應該常想：

「弟弟的外號是『行者』，爲什麼我的外號卻是『三寸丁』啦？」

對潘金蓮來說，嫁給其貌不揚的武大是一種凌遲，因爲不僅別人肯定她的美麗，她也知道自己的美麗值得更好的對待。

等到潘金蓮意識到這一段婚姻：

好似糞土上長出靈芝。

彼此的關係建立在不穩固的基礎上，甚至是被金錢與權力控制後的狀態，這讓她開始想要逃脫，眞正爲自己活一次。

問題在於，從前活在黑暗的洞穴裡，現在也就無法接近光亮的地方；或許是無知，也有可能是恐懼，但更多的原因是習以爲常。

潘金蓮知道自己的優勢是那雙細緻的小腳，於是只要武大出門工作，她便一邊吃著瓜子，一邊輕巧地露出纖足，勾引路過的男子，以扭曲與傷害過後的肉體，進行病態的誘惑。

二十五歲的潘金蓮，想要活出自己的模樣，這無關情欲的抒發與享樂，而是她只懂得以「情欲」這種方法，重新拼湊已經碎裂的面貌。

後來，潘金蓮見到武松，心裡想：

「一母所生的兄弟，又這般長大，人物壯健，奴若嫁得這個，胡亂也罷了！」

這時她關心的是婚姻，而非內在的情欲抒發。她欣賞武松的高大健壯，是因爲知道自己美麗性感，希望能擁有一位足以匹配自己的伴侶，而武大並不具備這樣的條件，甚至還遠低於標準值。

所以，提到「一母所生的兄弟」，是潘金蓮希望在平行時空裡，身邊姓武的丈夫能換成眼前這個男人。而在現實裡，她也馬上付諸行動，開始「撩男」計畫。

在雪日裡，潘金蓮買了酒和肉到武松房裡，畢竟人一旦喝醉，便容易意亂情迷；她甚至關上前後門，打算限制武松的行動自由。這根本即將成爲社會新聞嘛，標題很可能會寫著：

「小叔遭色大嫂灌醉！激情畫面流出！」

她十分相信自己的外貌，認爲只要以酒和色做爲武器，一定能攻略成功，卻沒想到當初武松喝完酒才打死老虎，應該是酒精幫助燃燒體內小宇宙的緣故，使得他的意志變得更堅強；反倒是潘金蓮喝下幾杯後，開始跟對方胡說八道兼東摸西摸。結果，本來就已經有點不自在的武松，變得非常焦躁，最後還升級成憤怒，大罵：

「我武二眼裡認的是嫂嫂，拳頭都不認的是嫂嫂！」

很明顯，明天的社會新聞標題可能又會改寫成：

「拳頭成凶器！打虎英雄狠殺美豔大嫂！」

聽到武松怒斥，潘金蓮也跟著「見笑轉生氣」，馬上離開現場，避免不滿的氣氛繼續蔓延。只不過她應該沒想到，武松這句氣話將在七年後成眞。

那一天的社會新聞標題其實是：

「武都頭殺嫂祭兄。」

元宵節，正妹出沒注意！

蘭陵笑笑生的《金瓶梅》一書頗愛以元宵節為背景開展故事情節，可能元宵節的燈光美、氣氛佳，適合男女進行情欲流動。

《金瓶梅》第十五回「佳人笑賞玩燈樓，狎客幫嫖麗春院」就寫到，西門慶趁四位妻子賞燈的時候，準備跑去跟人妻李瓶兒情欲流動一下。

這時的潘金蓮終於擺脫武大與武松，前者被她毒殺，後者則遭陷害而刺配孟州——即是在臉上刺字並送到偏遠地方服勞役；至於她，則是如願以償過著自己的人生，成為西門慶排行第五的老婆。

元宵節時，潘金蓮與吳月娘等四人到李瓶兒新買的房子登樓看燈玩耍，這是一群網路美女開趴的概念，穿得漂亮，人也漂亮。

如果潘金蓮有Instagram，應該會放上一張四人倚窗看燈的合照，下面還寫著：

「約一波，好姊妹今天都美美噠」

#元宵節 #李瓶兒的家 #吳月娘 #李嬌兒 #孟玉樓

潘金蓮、李嬌兒、孟玉樓服裝款式相同，都是白綾襖配藍緞裙，只有搭配的背心顏色不同而已。

女生出去玩就是喜歡用一樣的穿著打扮來證明友誼，許多日本女生去迪士尼樂園也是這樣。燈會也是華麗至極，各種造型應有盡有：

金屏燈、玉樓燈、荷花燈、芙蓉燈、繡球燈、雪花燈、秀才燈、媳婦燈、和尚燈、判官燈、師婆燈、劉海燈、駱駝燈、青獅燈、猿猴燈、白象燈、七手八腳螃蟹燈、巨大口髯鯰魚燈、轉燈兒、吊燈兒……

燈光燦爛、人潮喧鬧，潘金蓮就這樣靠著樓窗向下觀看。《金瓶梅》書中寫道：

一逕把白綾襖袖子兒摟著，顯她那遍地金掏袖兒，露出那十指春蔥來，帶著六個金馬鐙戒指兒，探著半截身子。

然後口中嗑著瓜子，再把嗑的瓜子殼都吐落在路人身上，以此取樂。

正妹就是任性，有錢正妹更是肆無忌憚地任性，而且還不會被罵。

樓下的行人遊客，反而紛紛聚集起來，看著任性有錢正妹吃瓜子。以前沒有直播可以看網美，只好親臨現場，讓自己眼睛吃吃冰淇淋。

潘金蓮單純想要炫耀自己的美貌，而不是用來算計與掠奪，這個時候的她，還保有孩童的玩心，雖然看起來有點中二病和公主病，其實還頗爲可愛，做一些無傷大雅的舉動，好引起旁人的注意。

後來，美貌成爲實現欲望的工具。潘金蓮逐漸墮落，見到李瓶兒因生子而受寵，決定設計害死她的小孩。

潘金蓮養著一隻全身純白、只在額頭有著一道黑毛的大貓，名叫「雪獅子」，平時她訓練這隻雪獅子撲食用紅布包著的生肉。某天正好李瓶兒爲自己的孩子穿上一件紅衣，並坐在床榻開心地玩耍，一旁的雪獅子覺得穿著紅衣的小男孩與自己平常吃的食物包裝很像，本能地以狩獵姿態撲抓過去，結果那位紅衣小男孩不僅傷痕累累，心裡還受到極大驚嚇，開始抽搐顫抖，過沒多久便死去了。

知道李瓶兒失去自己的孩子，即使再怎麼不願意，也應該假裝慰問一番，但潘金蓮卻是「每日抖擻精神，百般的稱快」。礙眼的討厭鬼死了，她比誰都還開心，將快樂建築在別人的痛苦之上。

一開始，潘金蓮只是想要安穩的生活而已，她沒想到的是：越是追求快樂，越是接近地獄深淵。

元宵的花燈從來沒有帶來光明，黑暗才是永無止盡。

十八禁，學生閱讀注意

《金瓶梅》一書係從《水滸傳》中「武松殺嫂」的情節裡，抽取幾項關鍵人物與元素，刻意刪改、增補，以及編排而成的章回小說，可說是一部古代版的長篇二創同人故事，甚至加入大量情色的描寫，創造新的意義與價值。

身爲國文老師，每次上課提到《金瓶梅》，底下學生總是會露出詭異的表情，似乎暗示自己了解這部小說有著令人害羞的祕密，眼神眞摯地傳達出：

「老師，你是不是想講色色的事。」

《金瓶梅》等同於現在十八禁的言情小說，如果要以現在習慣的語言重新修改書名，可能會是《愛上壞壞藥商》或是《霸道公子與他的嬌妻們》。

的確，《金瓶梅》是一部「穢書」，裡面充滿各種兒童不宜的情節，但作者的本意應該是提醒，而不是鼓勵，即使沒有明確寫出一排小字：

「純屬娛樂，請勿模仿。」

也可以從裡面人物的淒慘結局明白：行惡之人必然遭受惡報，逞凶之人必然墜入地獄。

根據東吳弄珠客在《金瓶梅．序》的說法：

讀《金瓶梅》而生憐憫心者，菩薩也；生畏懼心者，君子也；生歡喜心者，小人也；生傚法心者，乃禽獸耳。

當你太接近黑暗，黑暗隨時有可能把你吞食。維持明亮的自己，阻絕各種不祥的入侵，從來不是容易的一件事。沒有人永遠處在良善與邪惡這兩端，而是隨著經驗與知識的累積，不停改變自己的內在狀態，進而做出符合期待的行為。

換言之，進入《金瓶梅》的世界，某些敘述會不斷刺激感官，從中獲得欲望的滿足；某些敘述則會一直搓揉靈魂，日夜淘洗情感的雜質，藉此發現純淨的愛與痛。

潘金蓮的墮落是以無悔的眼睛看著世界，自始至終維持驕傲的姿態。

《金瓶梅》第四十六回「元夜游行遇雪雨，妻妾笑卜龜兒卦」，一樣是在元宵節的出遊。正好天寒下起雪雨，衆人不得已穿起皮襖，但只有潘金蓮身上是一件中古黃色皮襖，怎麼看都像在 cosplay 迪士尼卡通裡的高飛狗。她有些埋怨：

「平白拾了人家舊皮襖，來披在身上做甚麼？」

因爲是從當鋪裡拿來的別人衣服，所以穿起來寬寬大大的，原本性感的網美變得像是準備要唱嘻哈的樣子，一旁的人也有一搭沒一搭地開著玩笑。

按道理，在這樣爭妍比美的場合裡，服裝輸人一截的潘金蓮，應該處於憤怒或尷尬之間，但她最後也很平靜地跟著大家完成活動，並沒有太大的情緒起伏，連出言反駁幾句也沒有，頂多就是表示：

「就這樣啊！不然呢？」

承認目前沒有值得炫耀的皮襖，但以後總會想辦法得到更好、更美的。她對自己有信心，也對未來有信心。

童話裡，囚禁在高塔的公主，等待騎著白馬的王子拯救，那是不切實際的幻想；潘金蓮被關在深宅大院裡，盼望西門慶給予自己金錢與權力，這同樣也是永無盡頭的漫長等待。

隔日，一位卜卦的老婆子爲家中幾位女人算命，潘金蓮沒有一點好奇心：她信命，卻不算命：

「隨他明日街死街埋，路死路埋，倒在洋溝里，就是棺材。」

死亡是必然，若等到那個時候，怎麼醜陋也沒有關係，重要的是如何在當下活得漂亮，她以自己認爲正確的方式，對抗冷酷無情的命運。

在彷彿地獄的人間裡，極致的醜惡會被視爲極致的美麗，最幸福的時刻，其實是最無助的沉淪。

厭世國文老師的德行評語

神沒有不在，而是隱沒。

林黛玉

病氣系小公主

——〈劉老老〉

別稱	字顰顰，別號瀟湘妃子
輔導紀錄	1.興趣是葬花，還蓋了一座花塚，偶爾出場自帶BGM。 2.熱衷參加詩歌創作社團。 3.收到禮物，會忍不住懷疑是不是拿到別人挑剩下的。 4.住在自己的小天地裡，常常想太多。 5.適合擔任衛生股長，男生很會樂意幫忙掃校園的落葉。

我哭我哭，眼淚是珍珠

《紅樓夢》是一部有神話色彩的章回小說，第一回提到：

西方靈河岸上三生石畔有絳珠草一株，時有赤瑕宮神瑛侍者，日以甘露灌溉，這絳珠草便得久延歲月。

後來神瑛侍者下凡為人，好不容易由草變成仙子的絳珠，想報答從前的灌溉之恩，也跟著一起到人間相聚。她預期的做法是：

「但把我一生所有的眼淚還他，也償還得過他了。」

這句話怎麼聽起來邏輯怪怪的？因為你上輩子對我太好了，所以這輩子要哭給你看。難道現在每一個在我面前哭的人，其實都是來報恩的？

而且這位絳珠仙子即為林黛玉，神瑛侍者則是賈寶玉。從《紅樓夢》中的故事來看，她完全像是刻意轉世來找對方麻煩的，不是在哭，就是在生氣，或是邊哭邊生氣。

除了情緒不穩定之外，林黛玉的身體也不好，從賈寶玉的視角看去：

兩彎似蹙非蹙罥煙眉，一雙似喜非喜含露目。態生兩靨之愁，嬌襲一身之病。淚光點點，嬌喘微微。

她走一種甜美無辜的可憐風格，腦袋裡似乎裝著複雜的思緒，彷彿沉重到連呼吸都是一件不容易的事，還隨時會從眼角掉出一顆淚珠，表示自己活著真的很難過。

男生最喜歡這種令人想要疼惜的病氣小公主，賈寶玉也不例外，不僅替林黛玉取了一字「顰顰」，還關心地問：

「妳有沒有玉？」

有錢人咬著金湯匙出生未免太俗氣，賈寶玉可是含著一塊五彩晶瑩的玉，完全展現出他的高貴、不凡、優雅，以及與眾不同的身分。當林黛玉出現眼前的時候，他覺得這麼好看又有氣質的女孩子，一定也擁有相同的寶玉；但正常人如果體內會有礦物，通常是結石，而不是玉石。

林黛玉當然搖頭說：

「我沒有那個。想來那玉亦是一件罕物，豈能人人有的！」

爲了掩飾自卑，有人會以嫉妒、羨慕、生氣，或炫耀的方式表現，但也有人會用自憐的語言做爲防衛。林黛玉話裡隱藏的意思是：

「我好可憐，我沒有好東西。」

不知道賈寶玉是否聽出話裡的訊息，明白這女孩是在「討拍拍」。正常人的反應通常是安慰與傾聽，但不是正常人的賈寶玉卻是摘下那塊玉，狠命摔出去，還一邊痛罵這玉哪裡通靈，只要是可愛的少女都必須擁有一塊，林黛玉這麼可愛，怎麼可以沒有呢？

如果賈寶玉是妳的男朋友，當妳難過的時候，不會買鑽戒、手表和名牌包，而是抱著妳一起哭；當妳無助的時候，也不會提供什麼有建設性的意見，而是陪著妳一起焦慮。

愛你的人有兩種：一種是奉獻自己所有；另一種是捨棄自己所有。

前者讓你擁有全世界，後者為你放棄全世界。

愛不容易，被愛也是；承擔不起的恩情，只好用眼淚來償還，因為自己永遠做不到像你對我一樣那麼好。

我埋我埋，美麗不再來

《牡丹亭．遊園》中一句「良辰美景奈何天」在《紅樓夢》第二十三回和第四十回各出現一次，皆和病氣系小公主林黛玉有點關係。

第二十三回「西廂記妙詞通戲語，牡丹亭豔曲警芳心」中，林黛玉一人肩上擔著花鋤，花鋤上掛著紗囊，手裡拿著花帚，正準備掃起落花、以紗囊包裹，再埋進花塚之中。

這時，賈寶玉正忙著兜起滿地桃花花瓣，來至池邊，將花瓣抖在池內，但又怎能比得上風吹花落的速度，回頭又望見滿地繽紛，不知道如何是好。

林黛玉和賈寶玉相遇在這安靜的一刻。

一人以塚葬花，一人隨水流花，皆有惜花之情。

最後，賈寶玉贊同林黛玉的方法，急忙要幫她收拾，林黛玉頗適合當班級的衛生股長，男生應該會很樂意聽從她的命令，該掃哪裡就去掃哪裡。

畢竟，誰不憐惜病氣系小公主呢？

整潔第一，指日可待。

結果話題一轉，變成討論賈寶玉剛剛正讀著的《會眞記》，林黛玉一讀之後愛不釋手，連看數齣：

但覺詞句警人，餘香滿口。一面看了，只管出神，心內還默默記誦。（說好的葬花呢？）

原本打算當衛生股長的林黛玉，瞬間變成國文小老師了。

賈寶玉看著林黛玉如此專心，大概是認眞讀書的女孩最可愛吧，隨口說了：

「我就是個『多愁多病』的身，妳就是那『傾國傾城』的貌。」

此語出自《西廂記》第一本第四折：

「小子多愁多病身，怎當她傾國傾城貌。」

白話翻譯大概是：

「妳美到我受不了！」

這句話如果換成我說大概就是性騷擾等級，但從富二代賈寶玉嘴中吐出當然是真情流露、不能自已。林黛玉瞬間臉紅，然後豎起兩道似蹙非蹙的眉，瞪了一雙似睜非睜的眼，眼眶紅紅碎念了幾句就氣噗噗地轉身跑開。

可愛女孩的任性還是可愛。

富二代賈寶玉連忙道歉，說自己眞是個烏龜，以後幫變成有錢人的林黛玉馱著死後的石碑。

這道歉還眞是有創意，大概就像在詛咒自己變成工具人。

於是兩人重修舊好，手牽手一起葬花去了。

而當賈寶玉離開後，林黛玉獨自走在梨香院牆角外，正聽到院裡有人演習戲文：

「原來是姹紫嫣紅開遍，似這般，都付與斷井頽垣！」
「良辰美景奈何天，賞心樂事誰家院？」
「只爲妳如花美眷，似水流年。」
「妳在幽閨自憐。」

林黛玉原本只覺得戲曲動人、頗具滋味，後來越聽越入迷，想起曾經讀過的詩詞，再想起方才讀到的《西廂記》，然後就哭了。

或許，是想到自己的美麗容貌總是會荒蕪老去。

或許，是想到剛剛和賈寶玉相處的美麗時光稍縱即逝。

或許，是想到自己的難過只有自己知道。

痛苦和哀傷是流動的，不知道何時會漂近自己，更不知道何時會離開。

我讀我讀，女孩想看書

林黛玉再次提及「良辰美景奈何天」，是在《紅樓夢》第四十回「史太君兩宴大觀園，金鴛鴦三宣牙牌令」。

高中課文收錄「劉老老二進榮國府」的片段，也是出自同一回目。

賈母帶著劉老老四處遊賞園區，到了林黛玉住所瀟湘館後，只見翠竹夾路、蒼苔滿地，整個空間充滿綠色植物，根本是森林系網美咖啡廳的規格。

然而，林黛玉不負責沖泡咖啡，倒是端上一碗茶來奉與賈母，如果有人未來想開一間像是臺中春水堂的連鎖茶館，或許可以取名為瀟湘館，感覺起來也頗有人文藝術氣息；雖然這邊的奉茶只是一個過場而已。

在這裡，作者刻意提到劉老老留神打量了林黛玉一番後，才笑著說：

「這哪裡像個小姐的繡房，竟比那上等的書房還好。」

先觀察人物的氣質，再給予基於事實的讚美，這裡並不是虛偽的敷衍，而是眞正說到對方自信與驕傲的部分，一方面展現劉老老的成熟世故，一方面也暗指林黛玉博覽群書。

接著，賈母對糊窗的綠紗發表自己的色彩美學和居家設計理念，王熙鳳趁機讓賈母介紹兩種紗的雅稱「軟煙羅」和「霞影紗」，證明賈母雖然年老，卻還沒有失智，還可以賣弄記憶，也讓大家有奉承的機會。

王熙鳳在這裡是裝蠢，但與劉老老的裝蠢又不同；我知道課文的節選是想凸顯劉老老，但這麼一刪改，兩位角色原本的對比就消失了。

如此一來，學生就無法知道，原來「裝蠢」竟還有不同。

劉老老聽完賈母的解說，沒想到富貴人家竟拿紗來糊窗，大驚說：

「我們想它作衣裳也不能，拿著糊窗子，豈不可惜？」

這裡劉老老和賈母又是一個對比，顯示兩種不同社會階級的想法和價值觀：貧苦人在意好不好用，有錢人關心好不好看。

課本的刪改，再次讓劉老老的功能性降低，原本可以進行更多的比較和對照，最後只剩下反覆強調劉老老的幽默和世故，以及賈府生活的豪奢，卻沒有發現：

劉老老需要賈家，但賈家同樣需要劉老老。

這位老人的言語、行動和想法，對賈家上下來說，都是新的刺激，讓原本無趣、單調、平淡的生活，增加一些色彩。

用餐時，鳳姐暗示鴛鴦拉劉老老出去，悄悄囑咐了她一席話，又說：

「這是我們家的規矩，若錯了，我們就笑話呢。」

我常問學生，這鴛鴦的「一席話」到底是怎麼說的？目的是要騙劉老老，但如何騙？具體內容是什麼？從「規矩」和下文「老劉，老劉，食量大如牛，吃個老母豬不抬頭」是否可以稍加推測？

劉老老知道自己如何被賈府定位，所以也配合演出，甚至還弄得更有趣一些。「規矩」一詞，劉老老應該是解讀成「做人的道理」吧！

之後，眾人聚在一起喝酒行令，目的是增加活動的熱鬧氣氛，畢竟懂得「做人道理」的劉老老難得來玩，相信一定會發生意料之外的樂趣。

行酒令的過程裡，沉浸在歡愉氛圍的林黛玉接了一句：

「良辰美景奈何天。」

彷彿觸動心事般，薛寶釵馬上回頭看著她，似乎想說點什麼，想想卻還是沒說，這一回隨即結束在劉老老俗氣卻又符合酒令規定的話語之中。

到了《紅樓夢》四十二回，薛寶釵才把林黛玉叫到自己房間談論此事，而且還是用「妳知道自己做了什麼？」的警察偵詢口吻，希望一點點擠出林黛玉的真心話。

這時，林黛玉發現自己昨天引用《牡丹亭》的字句，這對當時的青春少女來說，如同承認偷看了十八禁的色情刊物，她紅著臉摟住薛寶釵說：

「好姐姐，原是我不知道，隨口說的。妳教給我，再不說了。」

面對已經羞紅臉的林黛玉，薛寶釵倒也沒有繼續調侃這位少女，反而認真說出一段關於閱讀、識字、男子、女子雜書，以及正經書的長篇大論。

如果讀書能明理也就算了，但大多數人讀書倒是變得更壞，薛寶釵做了一個評論：

「這是書誤了他，可惜他也把書糟踏了。」

林黛玉聽完，只能不斷應和稱是；我看完，也是一樣反應。

把書讀好，不等於把人做好。

厭世國文老師的德行評語

沒有人可以幫你撿起落下的眼淚。

陸

繼承者們

人生首抽，抽到超希有金卡

繼承者們群組（4）
曹丕
我家超有錢，但我爸要我半工半讀……
王羲之
我家超有錢，我只會寫書法，什麼也不會，哈哈哈哈！
張岱
我家超有錢，我一直玩、一直玩、一直玩！
曹丕
@王羲之 你還不是靠我的九品中正制。
王羲之
謝謝大大無私分享，好心樓主一生平安。
厭世國文老師
我覺得不用擔心你們的未來，我的未來比較需要你們擔心。
Aa

曹丕

你好，我爸曹操

——《典論．論文》

別稱	字子桓，諡號文帝
輔導紀錄	1.射箭高手，能左右開弓，還會以嘴咬弦的特技，但最厲害的是能射中目標。 2.擊劍高手，曾在各地學劍，讚許洛陽的教學品質最佳，並在某次聚會中與地方將軍以甘蔗練習對打，獲得絕對勝利。 3.雙戟高手，覺得自己天下無敵，但後來好險沒這樣想，不然就會因遇到高手而丟臉。 4.喜歡玩彈棋，但找不到高手陪自己一決勝負。 5.受父親曹操影響，喜歡詩書文籍，也喜歡文學創作。 6.家長政商關係一流，適合擔任家長會會長。 

爸爸，弟弟，還有我

「我最難忘的是父親的背影。」當曹丕回憶起自己父親曹操，應該會有這樣的感慨。生在亂世，曹丕從小接受嚴厲的戰鬥搏擊訓練：父親在他五歲時教他射箭，到了六歲便已能運用自如。想像一下幼稚園學童彎弓搭箭的模樣，我那個年紀還在尿床吃點心，曹丕已經準備上戰場；等到他八歲時，已經具備騎馬射箭的技能。我玩的是虛擬電玩射擊遊戲，曹丕玩的是真實生存遊戲。

再不求生，就等死。

只要有戰事發生，年紀尚幼的曹丕就會跟在父親身後一同出征。不過行軍作戰，也暗示著與死神同行的危險，是一種走在生與死交界的戰慄，甚至代表必須與至親摯愛永別。建安二年（西元一九七年），董卓旗下的張繡先降後反，導致曹丕的大哥曹昂與從兄曹安民戰死，他自己則僥倖騎馬逃脫：

「老爸教的果然有用。」

年僅十歲的曹丕心裡應該會這麼想。如果沒特別提起，這將會是他一輩子埋藏在心裡的陰霾，畢竟第一次與死亡如此接近。《典論．自敘》說：

夫文武之道，各隨時而用，生於中平之季，長於戎旅之間，是以少好弓馬，於今不衰。

打從一開始，戰爭就是殺戮的活動。由於整個養成教育的關係，曹丕自然也承襲了戰爭原始的本質與內涵，並在相當高的程度上，被迫延續這個傳統。然而，曹丕面對的戰爭發生重大轉向，從沙場喋血換到宮廷鬥爭、從肢體肉搏變成政治角力，但他依舊保持殺戮狀態，即使是面對自己的親弟弟曹植。

根據《世說新語》記載：

文帝嘗令東阿王七步中作詩，不成者行大法。應聲便爲詩：「煮豆持作羹，漉菽以爲汁，萁在釜下燃，豆在釜中泣，本自同根生，相煎何太急？」帝深有慚色。

文帝是曹丕，東阿王則是曹植，字子建。此事不見存於正史之中，但仍能稍微窺見兄弟二人間逐漸加溫的衝突。在七步內完成一首詩，對文學天才曹植來說不是什麼難事；以刑罰威脅恐嚇，對於久經戰場的曹丕而言也很簡單。

厲害之處在於曹植不只是應聲為詩，更能借題發揮，暗指手足相殘猶如燃萁煮豆，不能相愛，何必相殺？《世說新語》提到曹丕露出慚愧的臉色，或許是想起自己在戰場死亡的哥哥，以及另一位天才早夭的弟弟曹沖。

曹沖，字倉舒，五、六歲時的智商便與成人無異，是一位眞正的資優生，不是那種只會考試的績優生。從他為象秤重一事便可得知：

> 孫權曾致巨象，太祖欲知其斤重，訪之群下，咸莫能出其理。沖曰：「置象大船之上，而刻其水痕所至，稱物以載之，則校可知矣。」太祖大悅，即施行焉。

能夠運用智慧解決問題，跳脫出秤的既定窠臼，想到以水的深淺刻度判斷物體的重量，將物理世界觀察到的資訊，轉移到秤象一事。

曹沖不僅聰明絕倫，而且待人溫厚仁愛，這樣的資質個性深獲曹操喜愛：

「眞是個適合當領導者的孩子。」

曹操不只一次這樣向旁邊的人提起曹沖，似乎暗示自己的位置將要由他繼承。這應該會讓隨著父親出生入死的曹丕很不是滋味，心中那一塊塵封的陰霾也被掀開來曝曬：

「我用命到底換到了什麼？」

建安十三年（西元二〇八年），曹沖病死。曹丕看見父親哀痛欲絕，忍不住安慰幾句，曹操的回答卻是：

「此我之不幸，而汝曹之幸也。」

這是我的悲劇，你的喜劇。不知道這時候的曹丕臉上是什麼表情。聽到自己壓抑著的欲望被父親毫不保留地說出口，大概就如同他強迫曹植七步成詩時那樣，深有慚色吧！

那些年，我最喜歡的作家們

曹丕《典論．論文》是從自己的政治高度改變別人的文學態度。自古以來，知識分子彼此相互輕視。文學的競爭不像運動比賽，能在規則底下分出勝負；即使制定某些標準審查作品，也無法讓每一個人完全心服。曹丕認為：

文人相輕，自古而然。

面對知識分子這種自我感覺良好的態度，曹丕提出「審己以度人」的解決方法，認為要先反省自己，再來檢討別人；先把自己的鬍子刮乾淨，再來討厭別人的鬍子太多。批評不會帶來成長，看見自己內在的缺點並且試著改變，才有機會不一樣。

然而，曹丕沒先反省自己，就開始檢討別人，將自己生活圈內的作家作品風格做了概略式的批評：

王粲和徐幹的辭賦差不多厲害；

陳琳和阮瑀的章表書記差不多厲害；

應瑒和劉楨的文章差很多，也厲害；

孔融自己一個人就可以讓大家知道厲害。

從時間來看，孔融不可能與曹丕等人有太多交集。孔融大曹丕三十多歲，且至少比其餘六子大個二十歲；而諸子共集鄴下之時，孔融早已被殺。所以，孔融厲害到即使不屬於曹丕文人集團，也能與他們並列，甚至排名可能還高一些。根據《後漢書》記載：

> 魏文帝深好融文辭，嘆曰：「揚、班儔也。」募天下有上融文章者，輒賞以金帛。

最好的時光，是回不去的時光；最好的作家，是得不到的作家。孔融既不屬於曹丕的時代，也有別於建安的慷慨文風，卻被安放在與揚雄、班固同樣的位置。

然而，孔融是一個尷尬的存在，尤其他的發言時常駭人聽聞，像是不必尊重父母、主張取消酒禁，還三不五時嘴一下曹操的道德人品，肆無忌憚地批評當時威德日盛的曹操。

後來，孔融遭指控「招合徒眾」與「欲規不軌」，以及「謗訕朝廷」等罪名，入獄判死，屍體棄置在鬧市裡示衆。

這樣一位「身敗名裂」的作家，卻被曹丕認爲超越時代且出類拔萃。他無視社會輿論的壓力，在《典論．論文》裡試圖給孔融一個公允的歷史評價，也算是眞心喜愛文學，喜愛這位口無遮攔的孔子第二十世孫。

在指出七位作家作品的優劣後，曹丕繼續站在高處，批評一般人毫無鑑賞能力，常有「貴遠賤近，向聲背實」的問題，甚至沒有自知之明。如果用比較白話淺顯的方式說明，曹丕大概是這樣想的：

「不懂別人的好，更不懂自己爲什麼不好。」

「閃開，讓專業的來。」

所以，《典論．論文》的評論對象裡並沒有出現曹植。無論兄弟如何不合，甚至明爭暗鬥，曹氏父子的政治地位與文學成就豈是他人可以相提，甚至並論的。文章中提到的「四科八體」，或是「文氣」之說，皆是在提醒衆人：

「別人做得到，不代表自己也做得到；別人做不到，自己依舊可能做不到。」

人力有限，只能用心於一件事。無論「經國之大業，不朽之盛事」或「年壽有時而盡，榮樂止乎其身」，皆是曹丕對知識分子創作文章的期待，如此方能「不朽」，也能「經國」，彼此輕視只是浪費生命。

用心在文學，不要用心在批評。

作家的社會責任，就是完成美好的作品。如同文王演易、周公制禮，不一定是詩詞歌賦，只要在困厄時，說出自己的聲音；顯達時，說出衆人的聲音。

聲名自傳於後。

將溫暖的作品留下，而不是冰冷的蔑視。

再見，那些我最喜歡的作家們

絢爛的時光與作家，總有變成碎片的時候，這是從輝煌走向終結的一種形式，也是文學、情感，以及思想文化的某個盡頭。碎片往往從時間裡逐漸剝落，但《典論．論文》中出現的建安七子，除了孔融、阮瑀早死，其餘的五位作家，皆是瞬間瓦解。

建安二十二年（西元二一七年）正月，被譽為「七子之冠冕」的王粲患病身亡，曹丕與幕僚們共同前往弔喪，他回頭向身邊的人說：

「王好驢鳴，可各作一聲以送之。」

王粲喜歡驢子的叫聲，曹丕希望眾人以一聲驢鳴來哀送這位逝去的文學天才。這個畫面應該是很突兀的，在莊嚴肅穆的靈堂裡，發出「喔—咿」的聲音，既不是太好聽，也不是太好看。

官居五官中郎將、副丞相的曹丕要大家學驢叫，誰敢不學？不知道當時參加喪禮的人們見到如此光景，會是什麼感受；但可以知道的是，曹丕不僅真心懂王粲的喜好，而且願意放低姿態，以一種奇異的方式表現自己的愛與哀。

這種在喪禮學驢鳴的方式，之後的西晉也發生過一次，只是當時的賓客沒有相應的風度能接受這種做法，反而因聽到太逼真的驢鳴而哄堂大笑。這讓學驢鳴的悼亡者憤怒地擠出兩句話：

「使君輩存，令此人死。」

如果死的是你們就好了！竟然沒人能懂得這份深沉的哀傷，更沒有人懂得往生者的願望。從這一則故事或許可以發現，眞誠與體貼並不是容易做到的事，

但曹丕做到了。

建安二十二年，也是他擊敗曹植、正式成爲魏國繼承人的時候。但比起攀上政治權力巓峰，更重要的是：建安七子又有人死了，而且不只一個，還是四個。

在曹丕寫給朋友吳質的書信中提到：

昔年疾疫，親故多離其災，徐、陳、應、劉，一時俱逝，痛可言邪！

由於疫情流行的緣故，造成不少人的親友離開世間，徐幹、陳琳、應瑒，以及劉楨等四位僅存的建安七子，也在這場傳染病中死亡。

關於當時的悽慘景況，曹植〈說疫氣〉如此敘述：

癘氣流行，家家有殭屍之痛，室室有號泣之哀。或闔門而殪，或覆族而喪。

在疾病面前，每一個人都是平等的；在死亡面前，每一個人都是無助的。原本一起遊玩、一起飲酒的朋友，就這樣消失了。

曹丕又向吳質傾訴對他們的懷念，說自己最近將他們的作品編輯成書，但看到名字的時候，都會想起這些名字同時也出現在陰間的名冊上，每讀一遍他們的作品，就彷彿喚醒他們的靈魂，同時也想起生命的短暫：

間者歷覽諸子之文，對之抆淚，既痛逝者，行自念也。

曹丕不僅看過這些作品，還一一評論裡面的優點與缺點，並說出他們的圓滿與遺憾，即使無法超越古人，也是一時之選。未來不知道還會出現多麼優秀的作家，但自己的生命有限，已經是無緣得見了。

呼吸與心跳的次數，是交付上天決定的數字，曹丕無法預測剩下多少，時常為此徹夜未眠，並思考自己還能否像過去一樣，有著與天比高的理想；反觀現在，只不過是依靠父親曹操的權勢，才有如此令人尊重的地位。

爬得越高、越多人仰望，就代表不小心墜落時也越痛、越多人會為你的失敗偷偷喝采。曹丕想念已逝的朋友，也想念已逝的青春，或許他想對吳質傾訴的是：

「無法重生與無法重來，是一樣的悲傷。」

厭世國文老師的德行評語

文學是悲傷的病徵，也是療傷的解藥。

王羲之

國家就是我家

——〈蘭亭集序〉

別稱	字逸少， 世稱王右軍、書聖
輔導紀錄	1.小時候不太會說話，長大後才慢慢恢復正常，甚至變得很會說。 2.不到十歲時，不小心聽造反大事，裝睡躲過一劫。 3.擅長寫書法，尤其是隸書，筆勢「飄若浮雲，矯若驚龍」。 4.喜歡鵝，曾有喜歡的鵝被殺來請客而難過了一整天。 5.適合參加國語文競賽書法組。

含著鑽石湯匙出生的男人

如果說，「含著金湯匙出生」是指在富裕的家庭裡長大，那麼王羲之應該是含著鑽石湯匙出生：原生家庭不僅富裕，還擁有極大的權力。

永嘉之亂後，晉室南渡，琅琊王氏家族協助晉元帝司馬睿鞏固政權，同時成爲當時最具影響力的群體，開啓世家大族與皇室並列的模式，而王羲之正是此氏家族的成員。

所以，王羲之從小就接觸許多舉足輕重的重要人物，也深受叔伯輩喜愛。大將軍王敦曾讚美：

「汝是吾家佳子弟，當不減阮主簿。」

「阮主簿」指的是阮裕，曾以「爲友焚車」的舉動聞名，他在某次場合知道某人想爲母親送葬，卻不敢向自己借車，於是自責地將車燒毀。因爲工具存在目的是使用其功能，而非成爲擺設的裝飾，再好的車不能被人使用，留著也沒有意義。王敦以此嘉許、期勉王羲之，自然是看出他與衆不同的人格特質。

後來證明，王羲之的人格特質的確與衆不同，展現出「全宇宙以我為中心」的傲嬌，完全沒在注意旁人的舉動。像是郗鑒曾派門生拿著丞相王導的親筆書信登門求婿。按道理說，聽到人家選女婿，即使不重視，也會保持基本的服裝儀容與應對禮節。

但王羲之選擇做自己，而且是一個白目的自己。

當時門生看到的狀況是這樣：

「王家諸郎亦皆可嘉，聞來覓婿，咸自矜持，唯有一郎在東床上坦腹臥，如不聞。」

王家年輕人聽到有人來選女婿，皆表現應有的態度，只有一個衣衫不整、露出肚子的男人倒在東側的胡床上，好像不知道有這件事似的。這位不看場合的男人當然就是王羲之；甚至應該說：他不是不知道，而是不在乎。他心中或許這樣想：

「我才不要配合你們改變自己。」

郗鑒也非常人，竟覺得這位坦腹東床的王羲之是難得的佳婿，還說了一句：

「正此好！」

這種像貓一樣的傲嬌，我喜歡。

王羲之似貓，卻是容易難過的貓；不僅自傲，也自憐。

永和九年（西元三五三年），是無法確定未來的一年。殷浩上表準備北伐，零星的幾次戰事，似乎預告將出現更大的破壞。

暮春，王羲之舉行禊事以洗濯不祥，他眞正期盼的或許是能祛除戰禍、遠離烽火。但此時他仍無法得知的是：這一年的冬天，殷浩大敗。

該發生的，始終無法挽回。無論未來如何，酒是要喝的，詩是要吟詠的，美景依舊要賞玩的。

王羲之感到快樂，這樣的快樂更來自人與人之間的互動與相處。這是燦爛的宴集，不是孤獨的遨遊，沒有人是一座孤島，快樂的意義和生命的價值建立在島嶼的連結。

王羲之忽然想到：

俯仰之間，已爲陳迹。

快樂會消失，生命也會，再美好的一切，最後仍要歸於塵土，而眞正的恐懼則來自「脩短隨化」。我們知道生命總有結束的一天，卻不知道會是在哪一天。

王羲之感到痛苦。那麼該如何面對這樣的痛苦呢？莊子「一死生」的哲學似乎有點道理，當時也流行這樣的說法。王羲之卻忍不住提出自己的懷疑：

「莊子騙人，痛苦從來沒有消失過。」

短暫的快樂，只會帶來無窮無盡的感慨；曾經活著，面對未知的死亡時更加恐懼。死亡，是超越時空的折磨，無人可以逃脫，過去、現在、未來皆是如此，這樣的生命歷程不能改變，只能接受。痛是不痛了，但問題還是沒有解決。

王羲之感到悲哀。

最後，決定用〈蘭亭集序〉紀錄當時的活動和心情，王羲之想讓以後的讀者知道：

死亡，不是只有你覺得痛苦。

吃不到雞蛋的男人

你喜歡一個人，會將他放在心上：你討厭一個人，也是將他放在心上。認爲全宇宙都以自己爲中心的王羲之，心裡也放著一個人，爲他生氣、爲他難過、爲他開心，甚至爲他辭去工作。

誰能讓王羲之如此在乎？正是一個生氣吃不到雞蛋的男人——王藍田。

王藍田，即是王述，字懷祖，少孤，個性沉靜，意見不多。在魏晉這個靠嘴出名的年代，話若不多，大家就會當你是白痴。

後來王導給王述官位，可能順便想試探他到底是不是白痴，於是問：「你知道江東的米價多少嗎？」王述沒回答，只張大眼睛看著王導，王導竟從此得到答案：

「王掾不痴，人何言痴也？」

王掾正是指擔任幕僚的王述，而如此結論不知道怎麼歸納出來的，可能只要眼睛能張開，都不能稱做白痴吧！

這一位王述除了眼睛會張開，話也不多，但只要一說話就是白目發言。某次王導和衆人聊天，大家猛拍王導馬屁，不管他說什麼，只會回答好好好、是是是。

王述正色說：

「人非堯舜，何得每事盡善！」

王導又不是聖人，最好他每件事都對。此言一出，句點了大家。

王述不看場合發言，也不理解人際互動，也是某種認眞做自己。

此外，王述還曾收受賄賂，被人檢舉了一千三百多件。一年不過三百六十五天，他根本天天在貪汙啊！王導忍不住指正他：

「你好歹也姓王，小地方有什麼好拿錢的，這樣很不妥當。」

一般人被長輩責備，應該會露出抱歉的表情，就算不是眞心，也稍微假裝一下。但王述這樣回答：

「足自當止。」

我拿夠就不拿了。一般人會這樣回答嗎？

「我作弊夠就不作了。」

「我零分考夠就不考了。」

又不是吃飯睡覺，吃夠睡夠就不吃不睡了。然而，王述言出必行，之後清廉絕倫，薪水還會分給親朋好友，家具舊了也捨不得換，還眞的「足自當止」。

所以，王述會跟一顆雞蛋計較，卻又能忍受旁人的責難與眼光。吃不到雞蛋，違背了日常生活的飲食習慣，面對突然的改變，容易讓他焦慮不安或暴怒；但旁人的諷刺或辱罵卻可以充耳不聞、泰然處之，情感覺察十分薄弱。

後來，王述與王羲之齊名，弄得王羲之很不爽。明明大家都姓王，好歹也是名門望族，有什麼好不高興的？這是因爲王述是太原王家，而王羲之是琅琊王家，雖然同姓，但仍有尊卑之別、高低之差。

琅琊王家可是「王與馬，共天下」中的「王」，絕對的高貴、尊崇，以及不凡，是天龍人中的天龍人，而太原王家只是普通天龍人。

後來王羲之只要逮到機會，就背刺王述一下，如此反覆幾次，兩人結怨甚深。

王述大概心想：「來啊！來互相傷害啊！」趁自己當揚州刺史的時候，找正在會稽工作的王羲之麻煩——會稽是揚州的管轄範圍，王述算是當地的行政長官。

聽聞此事的王羲之，上書請求朝廷將會稽從揚州獨立出來，這跟想讓花蓮獨立成爲花蓮國一樣荒謬，絕對不可能發生。最後王羲之憤而辭官，甚至在父母墳墓前立誓再不任官職：

「自今之後，敢渝此心，貪冒苟進，是有無尊之心而不子也。子而不子，天地所不覆載，名教所不得容。信誓之誠，有如皦日！」

簡單翻譯就是：「如果再做官，我就不得好死。」王羲之竟厭惡王述到這種程度：官不做就算了，連人也不太想做。不只這樣，他回家還痛罵兒子不成材，比不上王述兒子，才讓老爸位居他人之下：

「吾不減懷祖，而位遇懸邈，當由汝等不及坦之故邪！」

坦之，字文度，即王述之子。弱冠時與郗超俱有重名，時人讚美：

盛德絕倫郗嘉賓，江東獨步王文度。

王羲之的廢物兒子們當然比不上，連謝安的姪女謝道韞都曾抱怨王羲之的兒子王凝之：

「我從來沒想過，天地之間還有這麼廢的人。」

生個好兒子是一件很重要的事，尤其當你被某個人討厭的時候。吃雞蛋，是王述生命中最抓狂的小事；王藍田，則是王羲之生命中最抓狂的大人。

拒絕工作的男人

王羲之的兒子廢，指的不僅是對社會毫無貢獻，也是在說那一脈相承的傲嬌。若是以現代的眼光來看，這些姓王的年輕人，由裡到外、從頭到尾，就是一群沒有產值的廢物。

每週的星期一，你不想工作，王羲之的兒子也是；準確來說，他每天都不想工作。

王徽之，字子猷，王羲之第五子。

《世說新語．任誕》記載王徽之半夜醒來，喝酒、看雪、吟詩，然後想起戴安道這一個人。於是，他一點也不體貼地喚醒自己的司機，駕著小船去戴安道的住所，完全沒在管這趟出門到底會麻煩到什麼人，更不管自己朋友是不是還在睡覺。

如此白目，如此自由。

甚至，司機開了一趟算是長途的船，但這個自由又白目的王徽之，到了目的地之後，竟然馬上掉頭離開，沒有想要見戴安道的意思。司機應該滿臉東晉人問號：

「修但幾勒！」（臺語「等一下」之意。）

王徽之淡淡表示：

「吾本乘興而行，興盡而返，何必見戴？」

我的感受凌駕一切，隨著自由意志，前進到任何地方都是自己的終點。戴安道？能吃嗎？相信戴安道聽聞後，他應該會難過到在角落畫圈圈，但王徽之就是這樣的一種生物。

後來，王徽之在車騎將軍桓沖底下擔任騎曹參軍，主要工作內容是管理馬匹，大概有點像是負責清點、維修、採購政府公務車的工作。之前，王徽之在大司馬桓溫處上班，但他完全不整理自己的儀容服裝，也不處理自己的待辦事項。

《晉書》記載：

蓬首散帶，不綜府事。

現在換了一份工作，依然故我。

王徽之總是一臉厭世樣。如果一般人只有在星期一才會特別厭世，那麼王徽之只要有工作的日子就是星期一。

不久，身為長官的桓沖巡視單位，王徽之依舊意興闌珊、滿腹委屈的模樣。

桓沖問：「你在那個單位辦公啊？」

王徽之回答：「不知道，常看到有人牽馬來，大概是管理馬的吧！」

（這根本是放水問題，你連做什麼都不知道，那還能知道什麼？）

「馬有幾隻啊？」
「這要去問馬啦！我怎麼知道？」
桓沖毫不放棄，希望盡可能找到王徽之的優點，問個數字比較少的問題試試：
「那麼總該知道馬死了幾隻吧？」
王徽之大概翻了個白眼：「未知生，焉知死。」這裡用了《論語．先進》的語句，本意是孔子在討論生與死的哲學問題，但卻被當成回應馬匹的答案。
一天，大雨傾盆。王徽之騎馬看見長官桓沖坐在車裡面，也沒打招呼，直接打開車門，硬是擠進桓沖旁邊，還發出一句抱怨：
「公豈得獨擅一車！」
你怎麼可以一個人坐在車裡爽啦！王徽之完全沒把長官放在眼裡，眼裡只有車的價值比人還高。

又一天，桓沖不知道是否故意——畢竟王徽之早就表明自己無心工作——還跑來叮嚀：

「你已經來公司一段時間了，什麼時候要開始工作啊？」

王徽之不說話，只是看向遠方，然後拿著資料夾撐住自己的臉頰說：

「西山朝來，致有爽氣耳！」

天氣好好，想出去玩。

羨慕這樣的人生，可以眞正做自己；即使是一個白目的自己。

厭世國文老師的德行評語

喧囂後，迎來的只有寂寞。

張岱

別人富二代，我富五代

——〈湖心亭看雪〉

別稱	字宗子、石公，號陶庵
輔導紀錄	1.兒時因喉嚨卡痰而生病，由外婆照顧長大，吃了不少曾外公準備的黃丸藥，直到十六歲才病癒。 2.外務繁多，喜歡花燈、泡茶、彈琴、看戲，以及賞雪。 3.創辦「鬥雞社團」，以古董、書畫、文錦、川扇為賭資。 4.適合擔任社聯會會長，統籌與聯繫社聯會相關行政事務。

陪我去看雪

張岱〈湖心亭看雪〉是一趟自以爲孤絕的前進。

崇禎五年（西元一六三二年）臘月，距離明代滅亡還有十一年時間，這個時候的張岱還不知道自己的父親即將離開人世。

西湖連下三天大雪，四周聽不見人聲和鳥聲，一點動靜也沒有。

天氣冷得要死，會出門的不是要上班，就是神經病吧！張岱不用上班，當然就是神經病。畢竟，富五代不需要爲了錢而勞動，即使勞動，也不過是爲了開心。

張岱在替自己寫的墓誌銘裡說：

少爲紈絝子弟，極愛繁華，好精舍，好美婢，好孌童，好鮮衣，好美食，好駿馬，好華燈，好煙火，好梨園，好鼓吹，好古董，好花鳥，兼以茶淫橘虐，書蠹詩魔，勞碌半生，皆成夢幻。

他的興趣涉獵極廣，從美女到男童，從燈火到音樂，從有生命的到沒生命的，只要有趣，通通來者不拒。

雖然張岱說自己「勞碌半生」而一無所獲，但怎麼看都像是「爽玩半生」，如此勞碌，令人羨慕。哪像我，從小就立志當一個敗家子，始終沒有成功，因為我家沒有足夠的錢財讓我敗（誤）。

張岱有錢，還有閒。

晚上八點，張岱決定乘舟前往湖心亭賞雪，穿上毛皮大衣，加上一爐爐火，好對抗外面襲來的冰寒冷氣。

〈湖心亭看雪〉如此描寫：

霧凇沆碭，天與雲、與山、與水，上下一白。湖上影子，惟長堤一痕，湖心亭一點，與余舟一芥，舟中人兩三粒而已。

天地一片純白，只有一痕、一點、一芥、兩三粒黑影，宛如不小心揮灑在宣紙上的些許墨跡，清冷、孤寂，卻又意蘊深遠。坐在舟中的張岱，眼睛看見雪景，彷彿也看見雪景裡的自己。

總有一天，我們會發現自己成了別人的風景，而所謂的獨一無二，也只不過是虛幻空洞的妄想罷了。

張岱似乎發現了；等到踏入湖心亭的時候，更是確定。想不到湖心亭已經有兩人鋪氈對坐，一位童子則在旁燒酒，酒正沸騰，空氣也跟著溫暖。亭內的兩人看見張岱欣喜若狂：

「湖中焉得更有此人！」

這裡的語氣透露出驚訝，想不到竟然有人與自己同樣想法，在這種冰天雪地中出遊玩賞。張岱心中所想應該也一樣，只不過多了幾句髒話：

「靠，想不到被搶先一步。」

靠靠靠靠靠靠靠靠靠靠靠靠靠！

國中國文課本常說，此處是張岱巧遇同好的心情，無意間得知陌生人亦有賞雪雅興，進而心生歡喜。

並沒有，好嗎！

自從張岱看見這兩個礙眼的人之後，態度就像外面的氣溫一樣冷，不僅被拉著喝酒，而且還勉強喝下，更別提原本的計畫是自己在湖心亭看雪，現在多了莫名其妙的兩個人，這跟一開始的想法完全不符，張岱怎麼可能開心得起來：

「我以爲自己是第一，想不到只是第二。」

而且對方還是從金陵特地前來。明明是個外地人，竟比身爲在地人的自己還要在地，早先一步找到這樣一個祕密景點；雖然不是什麼絕境，但肯定有絕景。離開湖心亭後，張岱下船時，還聽到船夫默默補了一槍：

「莫說相公痴，更有痴似相公者。」

以爲你很懂玩，但有人比你更懂玩。

陪我去演戲

時間稍微倒轉一下，張岱自以爲懂玩，甚至敢玩，不是沒有原因的。

崇禎二年（西元一六二九年），中秋後一日。

張岱乘船從鎮江前往兗州。太陽將落之際，船正停靠在江邊休息，這時他突然發現：

月光倒囊入水，江濤吞吐，露氣吸之，噀天爲白。

月光潑灑在江面，水氣蒸騰於半空，光霧交纏繚繞的景象，讓張岱驚喜萬分，決定順道拜訪金山寺。

問題在於，張岱到金山寺時，已是二更時分，約是晚上九點到十一點，哪一間寺廟會開這麼晚？又不是什麼文青書店或網美餐廳，越晚越美麗，越晚越熱鬧，一堆人等著去拍照打卡，證明自己到過這樣一個別人渴望前往的空間。

有錢就是任性，張岱沒考慮這麼多別人的感覺，只想到自己的欲望，在抵達金山寺前，他已經決定要幹大事了！

金山寺，龍王堂，漆黑安靜，四處無人。月光照在林中，又與江面上的景況不同，猶如殘雪一般，張岱應該心想：

「今天的月光，有兩種美麗。」

一般遊客進到佛門清淨地，會保持安靜，而且還是晚上，更應該想到裡面的僧人正在休息，不打擾是最基本的禮貌。但身為富五代的張岱可不這麼想，決定來一場熱鬧的 LIVE 戲劇表演。對張岱而言，隨時隨地跟著一批演員、樂隊，以及燈光道具是一件很正常的事。

金山寺見證過戰場的殺伐，生命的凋零在佛陀眼中，只不過是日常代謝。戲如人生，人生如戲。張岱決定在這個寂靜的夜裡，讓時空回到過去，重演韓世忠擊退金兵的故事：

「一定很有臨場感。」

景物依舊，人事已非，戲臺上的腳色喚醒沉睡的歷史記憶，將張岱拉進戰勝異族的撫慰裡。當他記錄這次〈金山夜戲〉的時候，已然是一位失去國家的遺民，所有的明亮皆隱沒於黑暗，所有的快樂皆投入在悲傷。在金山寺擺戲演出的張岱揚眉瞬目，卻也顯得此刻的自己落寞惆悵。

張岱在《西湖夢尋．自序》提到：

遙思往事，憶即書之，持問佛前，一一懺悔。

寫作是對於昔日的懺悔，同時也是此刻的救贖。

又云：

種種罪案，從種種果報中見之。

每一個字，都是沉重的罪。

所以，當〈金山夜戲〉裡的鑼鼓喧天與笙歌匝地，將眾僧人從睡眠裡吵醒時，張岱應該是得意的，就像現在的網路直播主爲了點閱率而故做驚人之舉，企圖挑戰不可越過的道德或法律界線，以換得短暫的刺激與爽感。

心靈腐爛與錯誤往往同時發生，但我們始終難以覺察錯誤，更無法阻止腐爛。張岱看見老僧半睡半醒、疑神疑鬼，想說點什麼，卻還是半張著嘴巴不敢說，只能默默看著事情開始、結束，等待這場鬧劇落幕的樣子，心中一定覺得：

「我就帥。」

然而，寫作《西湖夢尋》的時候，張岱應該有著相反的想法。面對人生，自己不過像這老僧一樣，只能旁觀，無力參與，更別提改變了。

國破家亡後，張岱遁逃至深山之中，想死卻死不了，想活又活不好，他心裡一定覺得：

「我就爛。」

陪我去懺悔

帝國滅亡，你我都推了一把。

《陶庵夢憶》記錄了不少明代的生活、時尚、消費，以及文化，某種程度上也刻畫出盛世崩壞的軌跡。

張岱在《陶庵夢憶》提到所謂的「揚州瘦馬」，此處的「瘦馬」指的應該是身材嬌小的女子。當時的富商或富二代偏好納這類女子爲妾，可能是因爲妻子在家裡吃太好吧！胖得理直氣壯，肥得比誰都爽。於是，這些有錢人發現，纖細柔弱才是王道，而評判「瘦馬」有幾個條件：

一是容貌，

二是肌膚，

三是眼睛，

四是聲音，

五是腳掌。

是的，沒錯！就是腳掌。明代的「絕對領域」和現代不太一樣。現代的宅男喜歡看膝上襪和短裙裙襬之間、那段能若隱若現看見大腿的的部分。明代的（有錢）宅男則喜歡看長裙裙襬隨著步履微微掀起、輕輕擺動，時不時露出腳掌的姿態，甚至還提出如何判別腳掌大小的假說：

看趾有法，凡出門裙幅先響者必大，高繫其裙，人未出而趾先出者必小。

這裡的「趾」指的是腳掌。走出門的時候，只要先聽到裙子飄動的聲音，一定是大腳；試著拉高裙子走動，若先見腳掌後見人，一定是小腳。這實在太生活科學了，雖然我還是不懂怎麼辨別，如何能靠腳掌大小來判斷對方的胖瘦？

據此，若從張岱所謂「瘦馬」的評審標準來看，最重要的就是腳掌要小，腳掌一小，什麼都對了。

不過，張岱談「瘦馬」是在說明一種人口販賣行業。當時靠買賣「瘦馬」維生者有數十百人，想認識妹子，不用交友軟體，自然有人幫忙送上門任君挑選；不用直播，眞人直接到現場。喜歡，就可以帶回家，甚至附贈婚禮儀式，一應俱全。

也就是說，「揚州瘦馬」根本是將女性放在人肉市場裡待價而沽，甚至制定出父權標準，強迫女性要符合這樣的條件，才算是美好的、可愛的、輕巧的，卻沒人願意聽見她們微弱且幽微的悲鳴。

然而，在張岱的文章裡，看不見一點點對於弱勢女性的同情與不捨，只是冷眼旁觀，正如現在的我們一樣。

冷眼旁觀他人的痛苦，同時冷眼旁觀帝國的滅亡。

到了晚年，張岱活在懊悔之中，認爲今日皆是過去種下的惡果：

國破家亡，避跡山居，破床碎几，折鼎病琴與殘書數帙，缺硯一方而已。

所有的完整美好皆被破壞殆盡，只剩下缺損衰敗還遺留在自己身旁。張岱還活著的時候，早先一步爲自己寫下墓誌銘，將人格的美好與醜陋展現在衆人眼前，還提出「七不可解」的內在矛盾衝突：

貴與賤、富與貧、文與武、尊與卑、弱與強、緩與急、智與愚。

這些二元對立的價值觀不停地拉扯張岱的靈魂，他始終無法找到一個解釋，能梳理清楚外在世界與內在心靈的混亂。究竟什麼才是對的？什麼又是錯的？他害怕死亡，更害怕在死亡前無法與自己和解。

張岱挖了一個看不見的墓穴，安葬了一具面無表情的屍體，旁邊還站著不停說著抱歉的鬼魅。

猛然一看，原來都是過去冷眼旁觀的自己。

厭世國文老師的德行評語

後悔，是命運不可逆行的證明。

柒 江湖少年

壞壞惹人愛

江湖少年群組（4）
陳伯之
付錢買東西是笨蛋，我都自己偷。
馮諼
我會讓別人付錢，買我覺得好的東西。
袁枚
我本來就很有錢，可以自己買。
陳伯之
@袁枚 自己買東西也太乖了，
你要像我一樣壞。
袁枚
你的壞，是無視法律；我的壞，是無視人生。
厭世國文老師
哈囉，
不管無視什麼，請先不要無視我。
Aa

馮諼

賭一個未來

——〈馮諼客孟嘗君〉

別稱	《史記》稱其馮驩，字號不詳。
輔導紀錄	1.很窮，窮到只剩下一把劍，沒事會拿來當吉他彈。 2.不愛承擔工作，唯一一次還是被人推薦出去的。 3.有情有義，不輕易說向人說再見。 4.很會安慰難過的人，也很會安撫生氣的人。 5.個性貼心、擅長觀察，適合擔任輔導股長。

義氣是啥，我只知道算計

《馮諼客孟嘗君》中的馮諼，根本是個瘋狂的賭徒。

高中課文從《戰國策》裡節選馮諼與孟嘗君的故事，並以馮諼做爲敘事的視角，原本沒沒無聞的社會邊緣人，搖身一變成爲私人企業的高級幹部。

一無所有的馮諼，從開始就在賭，賭這位繼承父親爵位的貴族，他的底線會畫在哪裡？先說自己是一個廢物，無好、無能，賭對方怎麼看待這樣的廢物。結果，孟嘗君笑著說：「好喔！」

之後，正式成爲食客的馮諼還彈劍高歌：

「食無魚！」

「出無車！」

彈劍這個動作很有戲劇效果，根本是拿著西瓜刀的混混，正常人沒事不會在家拿起利器揮舞（其實有事也不會）。

馮諼又在賭孟嘗君會如何回應。面對一個沒有能力、沒有貢獻，甚至沒有謙遜態度的食客，也就是一位能力低於標準線以下的公司職員，正常的老闆應該都會請他回家吃自己。但是，孟嘗君不太正常，竟然實現馮諼各種無理的要求，不僅幫他的便當加菜、還發給他一輛個人配車。大家應該都在懷疑孟嘗君是不是根本經營慈善事業。說好的黑道公司呢？被滿足各種要求的馮諼，高舉一把西瓜刀，開著跑車在街上大喊：

「孟嘗君客我！」

直白點說就是：

「孟嘗君我老大啦！」

狂，就是狂。這個動作看似瘋狂，實則聰明，在衆人眼前做出如此浮誇的表演，不僅讓孟嘗君的民調與好感度上升，同時也讓之後「無以爲家」的要求得以實現。

因爲，馮諼製造了一個孟嘗君必須好人做到底的狀況，更藉此知道孟嘗君的底線是：重視自己的形象和旁人的眼光。

後來，孟嘗君在薛地放款（除了是官二代，還插股金融業），需要有人去討債，因爲很多人沒按時繳利息，欠個幾十萬就在那邊躲躲藏藏。

要知道，討債不容易，一堆人要錢沒有，要命一條。

馮諼馬上舉手說：「選我！選我！」

臨走前，馮諼問孟嘗君要不要順路買些什麼回來，畢竟難得出遠門，帶個伴手禮也是禮貌所在。

幫有錢人買禮物是一件很困難的事，畢竟有錢人什麼都不缺。孟嘗君也就隨便答答：

「看我家缺什麼就買什麼！」

有錢人就是霸氣，這種話換成我來說，東西一定買不完，我家什麼都缺。

結果，馮諼到薛地，不但沒有收款，還把所有借據燒光，然後回家雙手一攤：

「我買了義氣回來。」

又一次讓人吃驚的表演，賭徒要是瘋起來，要多狂有多狂。

這次，馮諼依舊是贏家，孟嘗君倒是有些情緒，不過聽到錢和正妹家裡還很多，氣就消了一些；再聽到馮諼描述薛地的民眾高喊萬歲，氣又消了一半；再聽到「義氣」，想生氣也不行。

兄弟出來混，不看利益，只講義氣。

馮諼都說了義氣，孟嘗君就算不悅，也只能笑笑：

「諾！先生休矣！」

一〇四年學測國文考題說這件事反映「道義重於私利」的政治觀點，可是，馮諼買回來的眞的是「義」嗎？無條件且無差別地燒毀借據，這樣的行爲眞的合乎義？

假設今天考完試，老師看見班上成績普遍不佳，便宣布這次分數統統不算，那些認眞考一百分的學生絕對不爽啦！

只能說，馮諼下注的眼光很準，賭中孟嘗君重視形象和社會觀感，讓自己先保住小命，之後才有機會大翻身。

買回來的根本不是義，而是一場算計。

我出來混，憑的是夠狠和兄弟多

孟嘗君號稱食客三千，招收各地投奔而來的衆多人才，這些食客平常沒有正式的職務，也未必擁有什麼專業知能。這等同於建立一間沒有願景的公司，無法確立未來的發展，裡面的工作人員只能等待機遇與巧合，才能貢獻自己的心力。

準確地說，孟嘗君的食客多是不學無術的地痞流氓，若以司馬遷的實地考察爲證據，曾是孟嘗君封邑的薛地，裡頭多爲「暴桀子弟」，也就是一群有輸過，沒怕過的年輕人：

「你贏，我陪你君臨天下；你輸，我陪你東山再起。」

人們總是樂於加入勝利者的隊伍，遠離失敗者的行列，更別提這些平時遊手好閒、不事生產的「暴桀子弟」，根本無法成爲眞正依靠的對象。這也是爲什麼宋代王安石讀完《史記．孟嘗君列傳》後，總結出一句批評：

雞鳴狗盜之雄耳！

不過是廢物的老大罷了！用現在的話形容，孟嘗君大概就是橫跨黑白兩道的地方仕紳，要是得罪他，一不小心就會變成消波塊，或是被當做水餃內餡。

曾有一位食客不過是在燈光昏暗之下，覺得孟嘗君便當裡的雞腿比較大隻，於是大膽提出質疑並離席抗議，卻發現是一場荒謬的誤會，最後不得不以死謝罪。

吃一頓飯，死一個人，江湖果然是一條不歸路。

還有一次，孟嘗君曾被趙人嘲笑矮短小，於是他帶著那些混混流氓，一口氣殺掉數百人。《史記》載：

遂滅一縣以去。

不僅凶狠，而且殘酷，明明是言語衝突，卻擴大成肢體暴力，被踩到地雷的孟嘗君比誰都可怕。若要替這樣的人物工作，並登上成功的臺階，必須是個不怕被灌水泥、丟黃河的瘋狂賭徒。

雖然在〈馮諼客孟嘗君〉一文裡，孟嘗君的個性不太強烈，甚至過於溫厚有禮，總感覺被馮諼玩弄在股掌之間，但在《史記》的記載中，孟嘗君從年輕時便具備了勇敢、聰敏，以及見識等條件。

孟嘗君，名文，姓田氏，從小便不被父親喜愛，理由是五月五日出生的小孩，如果長到與門一樣高的時候，將會對父母帶來不利的影響。

這樣的迷信讓孟嘗君不以爲然：眞的有做壞事就算了，自己明明未對任何人抱有惡意，也沒有傷害任何人：

「人的命運是天決定，還是門決定？」（人生受命於天乎？將受命於戶邪？）

面對沉默的父親，孟嘗君接著說：

「如果是天決定，那只好認命；那如果是門決定，那把門加高就好了。」（必受命於天，君何憂焉。必受命於户，則可高其户耳，誰能至者！）

使得迷信如此駭人的，是將命運理解成不可違背、不可挑戰，甚至不可逃避，但孟嘗君巧妙地打開另外一條通道，讓父親滑離刻板僵化的思維迴路。

等到年紀稍長，孟嘗君繼續挑戰父親的權威，與其執著聚斂財富留給不知名的子孫，不如利用金錢來幹一場大事。

自此，孟嘗君盡得家中資源，展開大規模的人才招募計畫，福利不僅包吃、包住，還有專人到府送上貼心小禮物，打造一個安心、安全、公平的職場環境。

所以，若只從課文認識「馮諼客孟嘗君」一事，就會很容易陷入兩個教學上的誤會：

自我推薦與包容異見。

從頭到尾，這都是一個不符合人性的故事，當然不可能有什麼自我推薦與包容異見的參考價值。

這一場賭上生命的局，馮諼即使成為贏家，也不過是《戰國策》對於讀者的欺詐罷了！

在座的各位，都是贏家

馮諼和孟嘗君的故事，分別可以在《戰國策》和《史記》裡面看到，故事劇情大致類似，但一些細節卻有歧異。

《戰國策》的故事情節緊湊，引人入勝；《史記》則多了些老練沉著和人情世故。

二〇〇八年左右，葉問的故事分別被拍成兩種類型：

甄子丹的葉問會說：「我要打十個！」

梁朝偉的葉問則說：「人生如棋，落子無悔。」

這或許可以用來比擬《戰國策》和《史記》的不同。比較起來，司馬遷描寫的馮諼可愛多了。

《史記》中將馮諼寫做「馮驩」。一開始，馮驩就很坦白承認：

「聞君好士，以貧身歸於君。」

沒有什麼假掰的過度自抑，雖然也有彈鋏高歌的情節，但以孟嘗君不悅做結束，總是合乎人性多一些。

孟嘗君是有錢，但不是笨蛋，真當他凱子嗎？後來，馮驩被推薦去收債，而非如《戰國策》所言是自願；前面的無理要求，也不至於令人有機關算盡之感，反而是讓自己陷入不得不力求表現的兩難困境。

馮驩這時心裡一定想：

「本來只是想跟著人群白吃白喝，沒想到竟然要承擔血汗的行政業務，而且還要出公差到外地收款，跟一群沒有錢的人要錢，根本屎缺。」

但馮驩還是「好」了一聲就出發，基層菜鳥通常只有接受和欣然接受兩個選項。錢是一定收不齊的，所以馮驩準備了上百桌流水席，無論能不能繳交利息，都來一起吃吃喝喝，大家聽到餐飲自助無限，而且還免費，出席率自然爆高。

接著，馮驩這樣做：

「今富給者以要期，貧窮者燔券書以捐之。諸君強飲食。有君如此，豈可負哉！」

白話翻譯是：

「有錢的，訂期限還錢；沒錢的，借據通通燒毀。無論如何，大家今天務必吃飽喝足再回家。別忘了，這筆債是孟嘗君寬厚仁慈，這頓飯也是孟嘗君掏腰包請客，請各位一定要多多支持我們家孟嘗君，大家說好不好啊？」

根本薛地造勢晚會。孟嘗君後來聽聞此事，生氣到想殺人，畢竟這是一大筆錢啊！馮驩錢沒收完，還請客吃飯，自己眞被當成凱子了。

不過，馮驩的回答很漂亮：

「不多具牛酒即不能畢會，無以知其有餘不足。有餘者，爲要期。不足者，雖守而責之十年，息愈多，急，即以逃亡自捐之。」

沒有食物，大家不會來；大家不來，也不知道是有錢沒錢。了解狀況後，有錢的，加減要一下；沒錢的，殺了他也沒用，不如放棄追討債務，以換取好的名聲。

投資仁義，收穫人心，馮驩用智慧解決了自己的問題、薛地人民的問題，以及孟嘗君的問題。

三贏！

厭世國文老師的德行評語

除非你能作弊，否則不要賭博。

陳伯之

打不贏，就投降

——〈與陳伯之書〉

別稱	不詳
輔導紀錄	1.不識字。 2.喜歡戴水獺做成的皮帽。 3.有多次犯罪紀錄。 4.左耳被人砍下。 5.適合擔任風紀股長，因為同學會怕他。

我有一把刀

與其思考如何說服別人，不如思考怎麼抵擋別人的說服。

南朝陳伯之就收到一封難以抵擋的說服信件，期望自己從北魏陣營叛離，回到南方故鄉，信件中字字句句都是：

「伯之，回家吧！」

根據史書記載，陳伯之從小就是一位煞氣A肌肉型混混。他十三、四歲時，就知道出門一定要帶刀，也不知道是準備砍人，或是擔心被人砍。倒是有一次跑去砍鄰居的稻穀，結果被人發現：

「楚子莫動！」

楚子是當時罵人的話，有點像「屁孩」或「白目」。這裡的意思是：

「屁孩站住！」

陳伯之馬上嗆：

「你種這麼多稻子，拿你一點又不會死。」

聽到如此白目的回答，已經很生氣的鄰居更火大了，伸手就要抓陳伯之，打算給他來點社會化的懲罰。

然而，陳伯之反應極快，迅速掏出隨身小刀，一邊刺去，一邊碎念：

「看我沒有喔？」（意指「看不起我」。）

鄰居看見一個屁孩偷東西，本來還想大聲喝斥就可以嚇唬對方，結果眼前竟然出現一把小刀，感覺就不是好惹的，當機立斷，轉身逃跑。

陳伯之滿意地慢慢拿起剛剛割下的稻穀離開，心裡可能還想著：

「少在那裡瞧不起我。」

一位不懂事的年輕人，在時間的陶冶下，終於成為一位不懂事的成年人。

小時偷稻，長大成盜。後來陳伯之在一次搶劫的過程裡，左耳不小心被人砍下，更激發起他的凶性。但殺人放火的生意難做，不如轉職成可以正大光明殺人放火的事業：從軍。

於是，陳伯之跟著鄉里長輩加入軍旅，有沒有保家衛國不知道，但頗有軍功，應該也殺了不少與自己長官不同意見的人。

這個時候，陳伯之是跟著南齊明帝蕭鸞一起幹大事；但也不過幾年時間，蕭鸞就因病去世，其子蕭寶卷登基為帝。

蕭寶卷大概是南齊最廢國君，小時候不愛讀書，嗜好是抓老鼠，十六歲成為國君；以現在來看，不過是高中一年級，當然能玩就玩，能爽就爽，更何況他從小就被老爸驕縱慣壞，一旦握有權力，更加肆無忌憚。蕭寶卷只要出門，就會派人清空經過的道路，謂之「屏除」。

南齊最美的風景不是人，而是沒有人。

蕭寶卷大概就是那種會包下整間電影院看電影的有錢人吧！果然，貧窮限制了我的想像。此外，還有一些濫殺、破壞、奢侈的行爲。

統治者無恥和無能，倒楣的是政府官員和人民；當然，沒良心的政府官員依舊可以得到好處，但整體來說，國家邁向滅亡只是時間早晚的事情。

於是，蕭衍（即是未來的梁武帝）舉兵叛變。陳伯之原本奉命抵擋蕭衍軍隊，卻沒兩下就被說服倒戈。

這時的蕭衍還不放心：

「其心未定，及其猶豫，宜逼之。」

蕭衍顧忌陳伯之仍懷有二心，想兩邊討好，遂放出南齊人民痛恨叛徒陳伯之的風聲：

「南齊準備要割斷你手腳，就像小時候你偷割人家稻穀一樣。」

陳伯之這才死心塌地爲蕭衍奔走，力戰有功，進號征南將軍，封豊城縣公。

某種意義上，梁武帝蕭衍對陳伯之算是愛護有加，因爲陳伯之從小失學，四處鬼混，字不認識他，他也不認識字，很多決定全倚靠身邊小夥伴們的幫忙。蕭衍還擔心陳伯之被這些小夥伴們欺瞞，屢次叮嚀、提醒，甚至親筆寫了封關心的信，期待他能明辨是非。

但蕭衍可能忘了，陳伯之不識字啊！信件內容到底能不能正確傳到陳伯之耳裡；即使聽了，又是否能正確理解，這一切都是未知數。

沒文化，眞可怕。後來小夥伴們決定在被蕭衍討厭前，先帶著陳伯之一起討厭蕭衍，準備「反梁復齊」，起兵叛變。不幸失敗，逃至北魏。

於是，陳伯之收到了一封難以拒絕的信，由駢文高手丘遲寫成。全中華民國高中學生都讀過，只有陳伯之沒讀過的〈與陳伯之書〉。

你寫一封信

裝睡的人叫不醒，裝懂的人教不會。拒絕溝通是隔絕彼此想法的一種方式，但沒有溝通的能力，則會形成遙遠的距離，彼此想法必須透過中介物才能傳遞。

陳伯之不識字，無法從視覺接收對方的訊息，只能藉由聽覺進行資料收集。並不是說聆聽無法達成有效溝通，而是從閱讀到朗誦之間，必然會有某部分意義流失，更何況他根本沒認眞學習過，在缺乏先備知識的情況下，怎麼有辦法知道語詞背後蘊藏的文化意涵，甚至理解其中的創作意圖？

丘遲的〈與陳伯之書〉即是一篇蘊藏巨大文化意涵與尖銳創作意圖的作品。他與陳伯之兩人在齊朝爲官的時間有所重疊，到梁武帝時，才分別身處一南一北，理應知道對方的脾氣個性。

即使是上班好同事，下班不認識，或是上班下班都不認識，丘遲也總該知道：陳伯之根本不識字。

以此爲前提，想要說服陳伯之轉換立場，從北魏歸返梁朝的懷抱，丘遲選擇平易近人的語言，以取代陌生難懂的典故，可能會是比較合理的判斷與做法。

但是，〈與陳伯之書〉除了一開始的問候：

「你沒事，開心！」（撒花）

其餘文字皆像是在幫陳伯之上一堂又一堂的語文課、歷史課、地理課，還有生涯規畫輔導。

「鴞、轂、旄、穹、剸、陴……這些字的注音，你會念嗎？」

「朱鮪曾經殺了漢光武帝的哪一位親人？張繡曾經殺了曹操的哪一位親人？以上都跟你的狀況很像喔！」

「幫你複習一下北方歷史，人物關係比鄉土電視劇還亂、還慘。」

「北方地理環境很差，冷到哭！你熟悉的南方多舒服，水岸河景第一排，萬坪綠地花園，輕鬆享受在鳥鳴中醒來的度假生活。」

「來！伯之，我再幫你分析個人優勢、劣勢、機會，還有威脅，檢視個人狀況後，你是不是覺得投降比較好？」

這一篇以駢文寫成的書信，展現出駢文的四項特徵：對仗工整、詞藻華麗、音韻和諧、用典繁多，感覺是非常厲害的文學創作。

但是，你有過不想讀書考試卻只想上課的心情嗎？答案通常是沒有，那麼從小壞事幹盡的陳伯之應該也不會有。

更別提上課的方式，還是要陳伯之自行閱讀高雅優美的文字後，學習分析、歸納，以及省思，最後做出符合預設目標的決定。

〈與陳伯之書〉的寫作方式與內容皆出色動人，卻無法讓不識字的陳伯之理解其中的深意。這就像是準備出門約會的女孩花了很多時間裝扮自己，不但穿上小碎花洋裝，還塗上鮮豔的口紅。結果對方卻說：

「妳怎麼穿得跟我阿嬤一樣？」

「口紅太紅，是在演港片裡的女鬼嗎？」

所以，當陳伯之收到信的時候，應該也是滿臉問號，覺得丘遲這封信是不是打算投稿文學獎，沒事寫這麼好幹嘛？換做現在，他大概會上網發文跪求大神翻譯：

「在線等，急。」

不過，意圖驅使陳伯之歸降梁朝的丘遲，應該會貼心地附上語音導讀，順便加上專人即時翻譯，好讓對方了解現在狀況與未來情勢才對。

誇張一點來說，當時陳伯之聽到的可能只有六句話：

「哈囉。」

「想一想以前過多爽，趕快回家。」
「我們人很好，趕快回家。」
「外面很危險，趕快回家。」
「想家了吧？趕快回家。」
「不回家就打你喔！趕快回家。」

他打一場仗

曾背叛梁朝的陳伯之，現在要決定是否背叛北魏。艱難的不是道德或輿論壓力，而是如何獲得最大利益。

在亂世裡，群體的情感連結被破壞殆盡，取而代之的是個人的權力來源。也就是說，陳伯之雖然收到丘遲的這封勸降信，但內容根本不是左右其決定的關鍵，無論是舊國、故鄉，甚至是家族，皆不在他的考慮範圍之內，而是評估如何維持或提升自己的地位與權力。

將時間稍微倒退到天監四年（西元五〇五年）的十月，臨川王蕭宏率兵出征北魏，這位王族乃是梁武帝的六弟，而血統純正的人在各方面總是有些優勢，如同有錢人的孩子跑得比較快；有背景的蕭宏，帶領的軍隊也比較強。

根據《南史》記載：

所領皆器械精新，軍容甚盛，北人以為百數十年所未之有。

這就像是線上遊戲裡儲值大量新臺幣的玩家一樣，可以購賣等級超高的武器裝備，然後開始一場輕鬆、順利，以及充滿成就感的遊戲體驗。

但蕭宏是個廢物玩家，給他再強大的武器裝備也是浪費。在之後的戰爭裡，完全是被北魏瞧不起的狀態，不僅送他一個外號「蕭娘」，還附贈一套女子衣物，以此譏諷蕭宏的軟弱與無能。

不知道是幸或不幸，面對第一波攻擊，陳伯之完全看不出蕭宏的真正（沒用的）實力，雖然在梁城打敗了蕭宏軍隊的將領昌義之，但他已經感覺到這次梁武帝是玩真的，即使解決了這一次難題，還會有下一次難題。

至於對蕭宏來說，陳伯之則是自己的第一道難題。平時膽小怕事的紈綺子弟，怎麼比得上習慣惹事生非的混混流氓，與其用武力正面衝突，不如換個方式試探對方的態度。

蕭宏想起旁邊剛好有個很會寫文章的丘遲，而且也算認識陳伯之。或許蕭宏當時是如此命令的：

「寫信告訴他，今年春天是什麼顏色。」

來自梁軍的勸降書信，給了陳伯之一條阻力較小的出路，於是他決定帶領八千士兵歸降；只是他的兒子陳虎牙沒有機會一起離開，隨後被魏人所殺。

此時是天監五年（西元五〇六年）三月。兩個月後，蕭宏軍隊攻克梁城，而這也是他唯一値得提起的勝利。當身邊將士準備乘勝追擊的時候，蕭宏竟然開始覺得害怕，打起了撤退的主意，沒想到這種不合邏輯的決定還有人附和：

「知難而退，不亦善乎。」

聽到這種鬼話，大家自然不爽到了極點。沒有前進，怎麼可能獲得勝利？耗費這麼多時間、金錢，以及人力，才不是爲了來這裡野餐玩樂。現在蕭宏決定來個「到此一遊」，實在難以令人接受，也難怪連敵人都瞧不起這樣的王族子弟。

不能後退，也不想前進，那只得停下來。蕭宏向全軍發出命令：

「人馬有前行者斬。」

你自己不想打也就算了，還不准別人打。這樣無理的命令引起不少埋怨與憤怒，不和諧的氛圍已在軍隊中逐漸蔓延。

天監五年九月，一個暴風雨的夜裡，梁朝軍隊在洛口被擊潰，蕭宏第一個離開戰線逃跑，再搭乘小船奔回自己熟悉的舒適圈。

此次兵敗，距離陳伯之投降不過半年時間。現在的他，如果回到過去，會不會再次做出相同的選擇？

還是只能相信：所有當下的選擇，都是最好的。

厭世國文老師的德行評語

為了活下去，
不得不向現實投降。

袁枚

醒醒，我有妹妹

——〈祭妹文〉

別稱	字子才，號簡齋
輔導紀錄	1.很會說鬼故事。 2.藏書不少，鼓勵別人向自己借書。 3.愛吃，但不太會煮。 4.喜歡自己動手做，設計了一座庭園，傳說是《紅樓夢》中大觀園的原型。 5.適合擔任家政小老師，可以幫忙舉辦美食成果展。

三十歲退休不是夢

不用花時間工作，依舊能有金錢收入，這代表達成「財富自由」的目標。

袁枚，三十二歲時就已「財富自由」了。

三十二歲前，袁枚努力讀書工作，獲得不錯的成績；三十二歲後，他決定投資房地產，享受每天睡覺也有錢進入戶頭的愜意人生。

康熙時的織造隋公蓋了一座豪華的庭園別墅，占地極廣、建築極巧，加上風景優美，成爲遊客拍照打卡的網美景點。但後來逐漸沒落荒涼，荒廢成連鳥也不願意來的鬼屋。

有投資眼光的袁枚，以三百金的價格購買這一座以隋公之姓起名的「隋園」，重新設計屋瓦、外牆、植栽、小橋流水、亭臺樓閣，根本就是打造私人版本的森林度假村。最後同其音、易其義爲「隨園」，意思是：

「隨便啦！」

事物處於不斷變動的狀態，若是要追求永恆的穩定，反而會讓自己陷入徬徨與焦躁的情緒裡。若認定人生的某項決定，皆是絕對如此與不可更改、忽略未來存在的諸多可能性，就很容易把堅持變成一種傲慢的無理強求。

袁枚放棄官職生涯換取度假生活，想法很單純：

「有工作，只能在這裡玩一天；沒工作，我住在這裡天天玩。」

能天天放假是多麼誘人的選項，但迫於生活與經濟壓力，工作被視為一種美德；若是沒有工作，常會被認為有道德與能力的缺陷，但袁枚卻認為「我」比任何事情都來得重要。

有人質疑，花一樣的錢，可以換得更好的居住環境，袁枚何必選擇重新打造荒敗的莊園別墅？但對他來說，「我」的意志與精神必須貫注在空間裡，唯有親手完成的事物，才能產生真正的價值與意義。

無限放大自己，是為了裝得下無限廣闊的未知。

袁枚熱愛探索世界，也願意投入時間與精神，研究任何新鮮有趣的事物。喜歡吃，於是寫了《隨園食單》，記錄各種烹調方式；喜歡鬼，於是寫了《子不語》，收集各種鬼怪傳聞；喜歡詩，於是寫了《隨園詩話》，抒發關於詩歌的見解；喜歡人，於是寫了各行各業小人物的傳記；喜歡創作，於是寫了傳、序、記、碑文，還有墓誌銘。

興趣不單要有愛，還必須具備不斷學習的熱情。

這些看似空談理想的努力，最後也變成實質的支持。袁枚靠著出版作品賺了不少錢，連幫人寫墓誌銘都曾獲得千金。

誰說文組沒錢，袁枚賺給你看。

走在別人規定的道路很安全，走出自己的道路是冒險。袁枚寧可跟隨欲望冒險，也不要備受限制的安全：

「我想好好看看這個世界。」

以隨園爲起點，他追求眞誠、本性、情感，以及赤子之心，要讓自己活得像人，而不是人偶。

問題在於，習慣戴上面具的社會大衆，討厭露出眞實臉孔的人們，認爲這會破壞彼此的默契與和諧。所以袁枚不免受到批評與責難，但他不光只是認爲要「快樂做自己」或「只要我喜歡，有什麼不可以」，反而強調「努力」的重要性：

須知極樂神仙境，修煉多從苦中來。

不是期待旁人配合自己的任性妄爲，或是消極地放棄對抗困難的能力。想要獲得理想的生活型態，還是必須透過不斷的嘗試與體驗，才能發現屬於自己的快樂。

你可以定義成功，也可以定義快樂，但沒認識過世界的失敗與痛苦，怎麼證明這尚未成爲定理的猜想？

我的妹妹就是這麼可愛

袁枚喜歡錢，也是一個喜歡自己妹妹的哥哥。如果借用ACG次文化的術語來形容，他會被稱做「妹控」。

當然不像那些輕小說，袁枚絕對不會說出：

「就算不結婚，有妹妹不就好了嗎？」

但他的確十分疼愛家中三妹袁機。如果袁枚有能力預知這位女孩未來的悽慘遭遇，他應該會說：

「妳不要結婚，有哥哥不就好了嗎？」

兩人的年紀差距不大，當袁枚在大約現在國小二年級這個年紀的時候，會坐在家中書房用功讀書，五、六歲的袁機小妹妹則綁著兩個髮髻，小步小步地走近哥哥身邊，硬是要擠在一起看自己也不懂的《詩經》。

袁枚長大後，始終沒有忘記那天晚上有著很圓很圓的月亮。

無論多麼瑣碎的故事，只要是關於這位可愛的妹妹，袁枚總會記得很深、很久。他二十歲離家考試，三年後高中進士返家，不管在任何時間與空間，他的視線往往停留在妹妹身上，或哭，或笑，或私語。

一日未死，則一日不能忘。

袁枚心裡這樣想，是因爲舊事並不如煙，反而像呑進一顆插滿玻璃碎片的石頭，不僅阻塞在胸口，就連每次張嘴呼吸都是鮮血直流。

妹妹死了，最愛的那一個。

冬日。袁機被埋葬在羊山上，一個距離故鄉七百里的地方，袁枚寫下〈祭妹文〉，除了哀悼、惋惜，還有深情：

> 然而汝已不在人間，則雖年光倒流，兒時可再，而亦無與為證印者矣。

記憶若是沒有與他人重疊的部分，無論再怎麼真實，也不過是一種虛假，如同一棵樹傾倒在沒人知曉的深林裡，是無法察覺與印證的存在；即使你確實知道一切曾經發生。

袁枚心疼自己的妹妹，如此美麗、聰敏、賢慧，以及識大體，卻沒有一個好的歸宿。她出生前就已許配給父親的友人高八之子，理由是對方為了回報袁家的恩惠，希望彼此能結為親家，讓自己兒子成為袁家女婿，並以金鎖為信物，約定未來一生。

報答一個人有很多方法，娶對方的女兒是最匪夷所思的一種，怎麼看都像是恩將仇報。事實上也是如此。高八後來派人帶了封信：

> 「某子病，不可以婚，願以前言為戲。」

指出自己兒子生病了，之前結婚的約定就當做一次玩笑。這對溫柔懂事的袁機而言是很大的傷害，還把這番話視爲對自己人格的否定，整天拿著那一把做爲約定的金鎖哭泣，開始不吃不喝，堅持成爲高家媳婦。

後來她才發現，事情不是自己想的那樣。

原來，高家之子是個壞事幹盡的廢物人渣，高八唯恐自己以怨報德，故意拿生病當理由，婉拒這段婚姻。但袁機背後大概出現聖母光環，覺得自己可以感化惡人，也必須遵照傳統道德規範，最後不顧一切嫁入高家。

根據袁枚的記述，高家之子矮、醜、駝背、個性差就算了，還會精神虐待老婆，不准她寫詩、讀書，以及做手工藝，更糟糕的是還會家暴，拳打腳踢加上火燙燒灼。最後甚至因爲賭博輸錢，準備將老婆賣掉還債，袁機才不得不向娘家求援，打了一場離婚官司，順利逃出苦難之地。

這麼好的女孩，這麼乖的妹妹，袁枚一定很捨不得，心裡應該想：

「爲什麼不早點跟哥哥說？」

肉體的傷害會好，精神的折磨卻不知道何時才會復原。袁機開始吃素，排斥任何讓自己快樂的事物，生病也不願意治療。

活著，卻也像是死了。

乾隆二十四年（西元一七五九年）十一月，袁機病重將死，聽聞訊息的袁枚衝回家中，但已經來不及了。

那一天，沒了呼吸的妹妹躺在床上，依然睜著雙眼、望向前方，彷彿等著看袁枚親手爲自己闔上眼皮。

如果有鬼，那就太好了

在妹妹死前一日，正在外地遠遊的袁枚夢見她來與自己訣別。大概是兄妹之間的心電感應，預告即將降臨的死亡，袁枚放下手邊一切奔回探視，卻還是來不及：下午抵達家中，但袁機已於早上氣絕。

摸著妹妹猶有餘溫的手，看向仍張開的眼睛，袁枚覺得：

「爲了等我，妳已經盡力了。」（蓋猶忍死待予也。）

死亡是不可能親身體驗的狀態。生命只會有一次終結，個人無法重複與再製自己的死亡。於是，袁枚提出一個悲傷的疑問：

「死後，還能相遇嗎？」

痛苦的是永遠不知道正確答案，僅能一輩子懷抱這樣的遺憾活著。

袁枚在〈祭妹文〉提到：

汝以一念之貞，遇人仳離，致孤危託落，雖命之所存，天實爲之；然而累汝至此者，未嘗非予之過也。

如果分離與折磨是命中注定、不可違逆的劫難，那麼身爲哥哥的自己，也必須承擔一點讓妹妹受傷的責任。

什麼責任？袁枚懊悔地解釋：

「早知道不要讓妳跟我一起讀這麼多書了。」

小時候聽太多忠孝節義的故事，不自覺長成一個具備忠孝節義的人，然後用生命完成書中那些超越或違背人性的犧牲。對袁枚而言，與其成爲偉大情操的殉道者，不如當個平庸的倖存者：

「要是不讀書，妳會不會還好好的？」

爲了看不見的道德而失去生命，多麼令人心疼與悲傷。

袁枚向來不重視那些虛構出來的人格精神，只專注於內在的自由心靈，想要什麼或想成爲什麼，最後仍是由自己的意志決定。他可以過著積極進取的人生，也可以放棄已擁有的一切；他能獲得社會期待的成就，也能違背世俗的眼光，爲快樂而叛逆。

所以，袁枚會寫鬼故事，並撰有《子不語》一書，孔子不說的怪、力、亂、神四事皆在此書之中。之所以願意記錄這些被人視爲荒誕無稽的故事，是因爲袁枚覺得接納各種不同的資訊，才不會導致見識的狹隘，更說：

以妄驅庸，以駭起惰。

爲了破壞平庸與懶惰的無趣，需要大膽駭人的行動引起注意，製造意料之外的結果，並透過嘗試各種不同的可能，讓新的創意與機會出現。

我總覺得，袁枚之所以鍾情於鬼怪傳說，是因爲袁機的死亡，驅使他探求幽冥黑暗的世界，期待能發現死後世界的模樣，又或是迫使自己相信宇宙有另外一種生命形式的存在。

看著妹妹的墳墓，袁枚曾如此說：

汝死我葬，我死誰埋？汝倘有靈，可能告我？

若是死後仍存在著不可見的靈魂，拜託提醒我一下，即將走到的盡頭是在何處，好嗎？把不可知的生前與身後，寄望於不可知的鬼魅。

如果鬼魅是靈魂的一種顯化，而靈魂能以各種方式出現在周圍，那麼最棒的是，只要你願意，靈魂會永遠停留在心底深處。

袁枚在北風裡哭泣，奠祭與悼念逝去的妹妹，始終無法知道自己的愛與思念，能不能傳達給對方。他只感覺到：

紙灰飛揚，朔風野大。

準備離開，卻一次又一次地回頭看，看到的不是墳墓，而是妹妹在自己記憶裡的面容。

厭世國文老師的德行評語

別怕，鬼是我們愛過的人。

跋

這問題很重要，但一定不會考

「老師，為什麼要背唐宋古文八大家？」

高中學生接觸的第一篇古文，通常都是韓愈的〈師說〉。除了課文內容外，老師必定會提到作者的生平經歷與文學主張，「古文運動」的相關資料也一樣會出現在課程與考試裡。於是學生時常出現這樣的疑問：背誦這些人名到底有什麼意義？

韓愈、柳宗元、歐陽脩、王安石、曾鞏、蘇洵、蘇軾以及蘇轍等古文作家，在學生眼中只是面貌相同的古人（或死人）而已，完全不知道要如何區分他們之間的差別。如果要感受學生的心情，或許可以嘗試背誦漫畫《鬼滅之刃》鬼殺隊中的「九柱」名字，並且試圖記憶這些人的稱號、招式，以及彼此關係，你大概也會說出：「為什麼要背鬼殺隊九柱？」

當然，有時候人們的「為什麼」並不是一個疑問，而是想表示不滿與無奈的情緒，真正想說的是「憑什麼」。理解不是真正的目標，而是想逃離受迫的現狀。

但是，身為高中國文教師，仍然必須回應學生的問題，如果課本裡的古文作家，大多是一群抱怨政府與人生的失敗者，那麼是否還能提供有價值的資訊或知識，甚至成爲課程不可或缺的重要部分？

暫且先不提文學的定義與功能、教學的內容與方法，以及課綱的制定與實施，期待學生理解一位時空距離遙遠的作家，目的是做爲自己生命經驗的參考。

這個世界上，有善與惡的存在，卻難以辨識何者是善？何者是惡？只能透過觀察與體驗，逐漸找到屬於自己的立場與原則。現在閱讀過去時空裡的人物事蹟，即是對於未來的模擬體驗。

很多時候，人類的良知與邪念隱藏在很深的地方，甚至終其一生也不會彰顯出來，必須經歷關鍵試煉，才可能被他人發現。但並非每個人都有機會遭遇關鍵試煉，也就未必能注意到那些關於善惡的想法與行動，或是人生其實還有另一個選擇。

劉禹錫、文天祥、劉鶚、賴和，以及其他作家，分別遭遇到不同的關鍵試煉，也用自己的方式對抗或承受磨難，再從創作中得到愛與寶劍，迎向不可知的明天。這裡不是要把他們推向獨特崇高的位置，而是知道人類會因爲思考與行動，成爲有價值的參考。

需要補充說明的是，書中除了作家之外，還收了兩位歷史人物與三位小說人物，他們都不具備文學創作者的身分，卻也同樣可以開展思辨與討論，甚至隔著一層時間與虛構的薄膜，反倒更能啓動一個相對溫和的對話空間，不會在教室出現劍拔弩張的狀況。

此外，老師除了專業科目的教學，也時常兼任導師工作，必須關心學生的家庭、生活，以及學習狀況。於是，我想以「個人資料表」與「輔導紀錄表」，做為書中人物的基本介紹，字數不多、文句不長，內容經過一些趣味性與生活化的加工，但創意的發想大抵有所依據，雖然未必完整與確實，仍期待能做為人物生平的補充。

再者，書中每篇結尾皆會附上一則「德行評語」，是藉此抒發對於這些人物個性與遭遇的感嘆，並非要評論誰的功過或對錯，那只有上帝做得到。

所以，導師在期末不得不給學生「德行評語」時，常讓我覺得頭痛不已，那是介於誠實與虛偽間的一段文字，不僅擔心措辭過於直白與嚴厲，也害怕傳遞出失真的錯誤訊息。

同樣的，在寫作這本書的過程裡，偶爾懷疑自己是否能朝著有價值的目標前進，稍稍解開某些長久依附在國文課本上的詛咒，而不是耗費所有力氣，好不容易突破一個牢籠，卻發現仍深陷在另外一個牢籠裡。

直到現在，我依舊無法判斷那些被認為限制的東西，是否變成另外一種形式的存在？假使放棄記住某些歷史人物的名字與故事，之後儲存學生腦海裡的重要事物又將是什麼模樣？但正如同一開始的問題，我的回覆會是：

「你自己可以決定意義與價值。」

Eurasian Publishing Group
圓神出版事業機構
用心與你對話．視野無限寬廣
究竟出版社
Athena Press
www.booklife.com.tw
reader@mail.eurasian.com.tw
歷史 074
厭世國文教室：古文青生涯檔案
作　　者／厭世國文老師
插　　畫／J. HO（胖古人）
發 行 人／簡志忠
出 版 者／究竟出版社股份有限公司
地　　址／台北市南京東路四段50號6樓之1
電　　話／（02）2579-6600．2579-8800．2570-3939
傳　　真／（02）2579-0338．2577-3220．2570-3636
總 編 輯／陳秋月
副總編輯／賴良珠
專案企畫／沈蕙婷
責任編輯／林雅萩
校　　對／厭世國文老師．林雅萩．蔡緯蓉
美術編輯／金益健
行銷企畫／陳禹伶．詹怡慧
印務統籌／劉鳳剛．高榮祥
監　　印／高榮祥
排　　版／莊寶鈴
經 銷 商／叩應股份有限公司
郵撥帳號／18707239
法律顧問／圓神出版事業機構法律顧問　蕭雄淋律師
印　　刷／祥峰印刷廠
2020年11月　初版
2024年8月　19刷

定價 340 元
ISBN 978-986-137-305-8

很多時候，我們人生的難題也是古人的難題，
他們在不停的思考中找到各種解釋，
而我們可以從這樣的解釋中，再找到自己願意相信的答案。
我們習慣有一個正確解答，
但真實生命的解答不只一個，也未必永遠正確。

——厭世國文老師，《厭世廢文觀止》

國家圖書館出版品預行編目資料

厭世國文教室：古文青生涯檔案／厭世國文老師 著，J. HO（胖古人）繪
-- 初版 -- 臺北市：究竟，2020.11
304 面；14.8×20.8公分 --（歷史：74）

ISBN 978-986-137-305-8（平裝）
1. 傳記　2. 通俗作品　3. 中國

782.1　　109014594

上次補考，
這次又要補考…

吼…
好想交
男朋友喔！